父母送给男孩的心理书

秀梅 编著

中国纺织出版社有限公司

内 容 提 要

本书以男孩心理为基础，通过对现代青少年心理的观察与研究，从男孩品格、思维、勇气、抗挫能力、自控力等方面进行阐述，以生动有趣的案例，引导成长中的男孩逐渐成长蜕变为优秀男孩，成为未来社会的中坚力量。

图书在版编目（CIP）数据

父母送给男孩的心理书 / 秀梅编著. --北京：中国纺织出版社有限公司，2024.4
ISBN 978-7-5229-1455-8

Ⅰ．①父… Ⅱ．①秀… Ⅲ．①男性—青春期—家庭教育 Ⅳ．①G782

中国国家版本馆CIP数据核字（2024）第049270号

责任编辑：邢雅鑫　　　责任校对：高　涵
责任印制：储志伟　　　责任设计：晏子茹

中国纺织出版社有限公司出版发行
地址：北京市朝阳区百子湾东里A407号楼　邮政编码：100124
销售电话：010—67004422　传真：010—87155801
http://www.c-textilep.com
中国纺织出版社天猫旗舰店
官方微博 http://weibo.com/2119887771
三河市延风印装有限公司印刷　各地新华书店经销
2024年4月第1版第1次印刷
开本：710×1000　1/16　印张：12
字数：135千字　定价：49.80元

凡购本书，如有缺页、倒页、脱页，由本社图书营销中心调换

前言
Preface

教育家史蒂夫在《养育男孩》一书中写道："男孩成长为坚韧、有责任感的男人，需要坚定、友善的领路人。"养育好一个男孩，并不是件容易的事。男孩的调皮捣蛋、精力过剩、惹是生非等天性，需要父母花更多的时间和精力来教育。再则，男孩与女孩除了性别不同，性格也明显不一样，这就需要父母用更大的心力来教育男孩。此外，男孩和女孩在语言发展上的差异性，以及思维方式的不同，导致同龄的男孩和女孩的行为表现亦有所不同。所以，对于父母而言，养育男孩，就像种下一棵小树，悉心呵护，给他充足的阳光和雨露，他才会慢慢抽枝发芽，最后长成一棵参天大树。

如何培养出优秀的男孩，让他们具备诚实、勇敢、谦逊、独立、善良的品质，主要在于父母是否掌握关键的诀窍。首先，父母要懂得鼓励男孩，教育孩子最关键的一点就是让孩子相信自己，只有当孩子对自己充满信心，父母才能够培养出优秀的人才，而男孩对于自己的信心源于父母有效的鼓励。鼓励孩子，让他们树立自信心，使孩子对自己有正确的认识，而不是终日怀疑自己，怀疑自己的能力与价值。其次，父母要为男孩建立生活规则。因为规则意识是孩子成长过程中的重要方面。男孩天生活泼好动，需要释放大量精力。生活中，他们会选择许多途径来发挥自己的活力，释放能量。对此，为孩子制定规则很有必要。有些父母爱子心切，经常在无意识的状态下，淡化男孩理应遵守的规则，殊不知，这样就真的害了孩子。最后，父母要让男孩树立正确的世界观、人生观、价值观，让孩子懂得诚信、勤劳、善良的意义。

养育优秀男孩，重在心理教育。教养男孩时，父母要重视男孩的责任感培养，从小给男孩灌输"责任"的思想，当遇到事情时，要主动承担，不能不负责任。当然，最重要的是，男孩需要具有独立意识与能力，才能富有思想，最大限度地实现自我价值。如此成长起来的男孩既能温暖阳光，用自己的光芒照亮别人，也能自信坚强，能尊重自己，不卑不亢，不慌不忙，优秀且有力量。

编著者

2023年6月

目录
contents

第01章
心胸开阔，格局有多大，未来有多远

告别"小心眼儿"，做懂得宽容的男孩 - 003
心胸宽广，才能有所作为 - 005
男孩，请远离嫉妒的深渊 - 008
学会原谅，是人生最大的福气 - 010
学会忘记不开心的事情 - 013

第02章
善于思考，活用思维解决难题

善于思考，问题终会迎刃而解 - 019
别被常规思维所禁锢 - 021
运用逆向思维，有意想不到的结果 - 023
思维转换，一切豁然开朗 - 026
理清思路，先做最重要的事情 - 028
创新，从一个想法开始 - 030

第03章
成长征程，青春少年之烦恼

感恩，用实际行动去孝敬父母 - 035
世界不是围绕你旋转的 - 037
请珍惜学生时代的时光和青春 - 039
终有一天，你将独自去闯荡 - 041
学生时代，就应该努力学习 - 043
独立，是成为男子汉的必经之路 - 046
未来的一切靠你今日的学习去争取 - 048

第04章 青春梦想，人生有目标才有前进方向

耐心坚持，成功就会来临 - 053
一步一个脚印走向梦想 - 055
学会与比你优秀的人交朋友 - 058
学会打开你的视野和格局 - 061
远离喜欢泼你冷水的人 - 063

第05章 充满力量，勇敢面对便会一往无前

有所担当，男孩要学会承担责任 - 069
遇事要勇敢尝试，锻炼胆量 - 071
做内心的主人，勇敢说"不" - 074
不做"胆小鬼"，人生就要果断出击 - 076
用勇气为行动开路 - 078
打败"困难"这只纸老虎 - 081

第06章 接纳自己，相信你就是最优秀的

信心给予你无限希望 - 087
告别自卑，让自信照亮人生 - 089
积极做行动派，不做观望者 - 092
做自信有魅力的男孩 - 094
优点是你独一无二的闪光点 - 096
缺点不是你放弃的理由 - 099

第07章 懵懂青春，不完美的青春才是完美的

正视青春期的身体变化 - 105
青春期小胡须长出来了 - 108
青少年有个"异性眷恋期" - 111
青春期男孩长出了喉结 - 113
顺利度过青春期变声期 - 115

正确看待青春期的情感 - 117

第08章
克服叛逆，不要总喜欢和老师对着干

老师的严厉并不是针对你 - 123
青春期男孩要做好情绪管理 - 125
善于驾驭自己的情绪 - 127
学会与父母正向沟通 - 130
顶撞老师不是有胆量，是无涵养 - 133
克服逆反心理，正确表达诉求 - 135

第09章
坚持锻炼，不断提升自主生活的能力

经受生活考验，才能成为"男子汉" - 141
学会理解父母的辛苦 - 143
路在脚下，脚永远在路上走 - 145
远离懒惰，做个勤快上进的男孩 - 147
别睡懒觉，"垃圾快乐"在透支你的生活 - 150

第10章
独立自主，有主见的男孩有更好的未来

通过选择，学会做自己 - 155
男孩，努力做最好的自己 - 157
摆脱依赖，做个独立的男孩 - 160
忽略他人的声音，走自己的路 - 163
要有主见，但别太固执 - 165

第11章
直面挫折，学会从失败中汲取经验

再苦再难也要坚强 - 171
突破极限，让你拥有无限可能的人生 - 172
每个人都是在失败中成长起来的 - 174

挫折是成功的入场券 - 176

跨越逆境，勇往直前 - 179

坚定信念，终会超越自我 - 181

参考文献 - 184

第01章

心胸开阔,格局有多大,未来有多远

心的宽度决定你的风度,你的大气与宽容定会赢得更多的尊重。男孩们,博大的胸怀对人的一生,特别是心智等各方面都在成长的青少年来说有着极大的益处。心胸宽广,你的路会越走越宽,反之,狭隘则会限制你人生的步伐。不管前方如何,好的心态和宽广的胸怀总能让你走出困境。男孩们,让我们学会用宽广的心胸活在当下,赢得尊重,成就未来吧!

告别"小心眼儿",做懂得宽容的男孩

很多人看过《三国演义》,书中周瑜的形象可以说是深入人心。他是一个才高八斗之人,却因心胸狭隘而英年早逝。"既生瑜,何生亮"道出了他内心的无尽哀愁,这是周瑜对自己的才华比不过诸葛亮的一种叹息。成大事者,必然要有宽广的胸怀,不因琐事而烦忧,不因嫉妒而丧失本心,这样才能全身心地投入到自己的事业中去。

从小到大,章皓就是一个非常出色的男孩,特别是在学习方面表现得十分突出。他不仅聪明,而且刻苦,令父母感到非常自豪,并深得老师的喜爱。每次学校有各种竞赛或者活动,他都能取得非常优异的成绩。长此以往,他的优越感越来越强,不免产生这样一种心理:我就是最棒的,别人肯定不能超越我。

人无完人,章皓纵然在学习上出类拔萃,但是在性格上有一个非常大的缺陷,那就是心胸比较狭隘。他的优越感太强,所以每当看到别人表现得出色被夸赞的时候,他都非常不服,如果老师批评了他,他就觉得难以接受。这样的性格也渐渐让他与同学的关系越发疏远,许多同学不太愿意接近他。

曾经有一件事情对章皓的影响挺大的。那还是章皓上幼儿园的时候,和一个小朋友争吵起来,老师批评了他们。章皓觉得自己很委屈,回家后又哭又

闹，逼着妈妈给他转幼儿园。妈妈拗不过他，只好给他换了一所幼儿园。章皓上小学后，他的班主任和任课老师都很喜欢他，但他的脾性还是没有改。班级中如果某个同学在哪方面超过了他，他就会非常气愤，想方设法打击、报复或者诽谤同学，以发泄心中的不满。久而久之，同学们渐渐疏远了他。

章皓不仅接受不了别人比他优秀，而且也接受不了老师对他的忽视或批评教育。有一次，老师表扬了其他班干部，而没有表扬他。老师说他学习好，能力强，就是在处理些事情的方法上存在着一些问题，同学关系有时会有一点儿紧张，希望他能稍微改变一下。其实，当时老师只是委婉地给他建议，而且也是站在他的角度替他着想，可是在章皓看来，这是一件完全不能接受的事，心高气傲的他怎么能受得了。为了这件事，章皓一连几天吃不下饭，也不说话，他觉得太不公平了，老师怎么能这样对待他呢？

长久下来，章皓的性格缺陷给他造成了很大的困扰，内心烦闷也找不到人倾诉，同学关系紧张，同时他的"小心眼儿"又让自己产生了很大的精神压力，他变得越来越孤僻。

男孩们，心胸狭隘折磨的不是别人，而是自己。人生的路很长，不要像章皓那样封闭自己内心。心胸狭隘的人遇到不如意的事情就会愤怒、焦躁、沮丧、恐惧、胆怯、憎恨等，不仅会使自己陷入懊恼、忧伤的恶劣心境中不能自拔，甚至还会因不能冷静地泰然处之，而使事情雪上加霜。因此，男孩们要学会放宽心，这样你才会充满阳光，变得快乐又积极。

1.分享会让你收获更多的爱

一个懂得分享的人，收获的是更多的欢乐与关爱。男孩们，努力成为慷慨、大气、乐于分享的人吧。学习中我们可以互相学习，这才是一种共同进步的良好方式。

2.狭隘会让你成为一个孤独者

在交往过程中，狭隘的人总是接受不了别人的过人之处，无法欣赏他人，长此以往就会出现人际关系危机。朋友的缺失会让自己越发孤僻，有事无人帮忙，无人可以倾诉，极易导致自己陷入悲观情绪里无法自拔。

心理悄悄话

不管经历什么，好的心态和宽广的胸怀总能让你走出困境。心胸狭隘带来的是更多的不幸与压抑，而宽广的内心带给你的是充满斗志的现在和更明朗的未来。男孩们，知道该怎么做了吧？

心胸宽广，才能有所作为

法国作家维克多·雨果有这样一句名言："世界上最广阔的是海洋，比海洋更广阔的是天空，比天空更广阔的是人的胸怀。"胸怀宽广的人乐观向上，给人带来一种如沐春风的舒适感，他不因琐事而与人斤斤计较，也不因失败而耿耿于怀，他的气度为人所尊敬、热爱。男孩们，适当地放开胸怀，把目光放远，学会释怀，学会淡化，这样我们就会少了很多压力。身边的每一件事情都可以是幸福的源泉，只要我们敞开心扉，快乐随处可得。

蔺相如是春秋战国时期赵国的大臣，他很有见识和才能。在"完璧归赵""渑池相会"两次外交斗争中，捍卫了赵国的尊严，地位在名将廉颇之上。这使廉颇很不服气，他对别人说："我廉颇攻无不克，战无不胜，为赵国立下了赫赫战功。蔺相如不过是凭一张嘴巴，说说而已，有什么了不起，反而爬到我的头上。我要是遇见他，一定要侮辱他一番。"蔺相如听说后，尽量不跟廉颇会面，每次出门，避开廉颇，有时甚至装病不去上朝。有一次蔺相如外出，远远看见廉颇的车马迎面而来，连忙叫车夫绕小路而行。

蔺相如手下的人对他这样卑躬让步的做法感到委屈，纷纷要求告老还乡。蔺相如执意挽留，并耐心地向他们解释说："诸位认为廉将军和秦王相比，哪个厉害？"众人都说："廉将军当然不及秦王了。"蔺相如说："对啦，天下的诸侯个个都怕秦王，可是为了赵国，我敢在秦国的朝廷上斥责他，怎么会见到廉将军反而害怕了呢？你们的心情我是理解的，可是，你们想过没有，强大的秦国之所以不敢攻打赵国，就是因为赵国有我和廉将军。如果两虎相斗，势必两败俱伤。我不计个人恩怨，处处让着廉将军，是为国家的利益着想啊。"听了这番话，大家都消了气，打消了告辞还乡的念头，反而更加尊敬蔺相如了。

后来，有人把蔺相如的话告诉了廉颇，廉颇深受感动，惭愧万分，觉得自己心胸竟然如此狭隘，实在对不起蔺相如，决心当面请罪。一天，他脱下战袍，赤身背着荆条，来到蔺相如的府第，"扑"地跪在地上，泣不成声地对蔺相如说："我是一鄙陋的粗人，见识浅薄，气量狭窄，没想到您对我竟如此宽宏大量，我实在无脸见您，请您用力责打我吧！就是把我打死了，也心甘情愿。"蔺相如见到此情景，急忙扶起廉颇，给他穿好衣服，拉着他的手请他坐下。两人从此消除隔阂，加强团结，同心协力，保卫赵国，强大的秦国更加不敢轻易地侵犯赵国了。

男孩们，一个大度的人，一个心怀天下的人是不会计较个人得失的，蔺相如正是真君子！他心胸宽广，不计前嫌，正是这种高尚的情怀，使他至今仍受人敬重、颂扬。男孩们，你们是否也有这样的心胸呢？

1.不要对往事耿耿于怀

齐桓公任用曾经射杀过自己的管仲，李世民重用曾经建议太子杀掉自己的魏征，古往今来，用宽容化解仇恨的例子有多少呢？一代代伟人面对的问题难道比不过我们生活中的磕磕绊绊吗？男孩们，有些事情过去就是过去了，不要折磨自己，浪费时间纠结。心宽一点儿，内心的垃圾就会少一点儿。

2.自我调节非常重要

想改变自己，就要学会调节自己的心态。男孩可以试着在集体中提升自己，让自己变得更加优秀。我们不要总是封闭自己，要学会融入学校这个大家庭里，多去参加一些文体活动，适当劳逸结合。在学习的过程中多与同学交流、谈心、分享，其实，与人接触的过程，也会使我们的心胸变得更广阔。

心理悄悄话

男孩们，一个宽容的人一定要有一颗公德心，一颗热爱集体的心。因为我们迟早有一天会融入学校及社会这个大家庭，在这个大家庭里，我们要与人交流，要学会适应不同性格的人，而不是以自我为中心，这时候，我们需要学会用一颗包容的心去对待他人。比如，在学校的活动中，要有着高度的集体荣誉感，对集体的事情有一定的责任心，不计个人得失，这样才能真正地成为一名坦荡高尚的好少年。

男孩，请远离嫉妒的深渊

嫉妒心理在生活中是很常见的，比如，当一群人在夸赞某一个孩子很优秀的时候，另外一个孩子心里会很难过、生气，甚至有可能去伤害他人，其实，这就是一种嫉妒心理。面对自己的不足，不同的人有着不同的改善方法。有的人看到自己的不足和与他人的差距之后，就会非常努力地去提升自己，让自己变得与别人一样优秀；而有的人就会产生极大的嫉妒心理去伤害他人、诽谤他人。嫉妒会把人引向人生的沼泽。所以，男孩们，与其去嫉妒，不如多花时间让自己变得强大，这才是一种健康向上的生活态度。

孙膑和庞涓是师出同门的师兄弟，共同拜师于鬼谷子，两人一起学习兵法。后来，有消息传出，魏国国君要招贤纳士，希望能得到一名有才能的人做魏国的将相，前途可谓一片大好。当庞涓听到这个消息的时候，激动万分，他已经厌倦了长时间在深山学习兵法的日子，而且感觉自己已经学到了一身本事，可以下山历练了，更何况面对的是如此好的前景。而孙膑觉得自己学业尚未精熟，仍需进一步深造，所以他表示继续留在山上磨炼自己。

下山之后，庞涓便只身一人去了魏国。见到魏王，庞涓与魏王进行了深入交谈，并阐述了自己在军事方面的独特见解，他的思想深得魏王的喜爱，慢慢受到了魏王的赏识。在这期间，孙膑却仍在山中跟随先生学习，他原来就比庞涓学得扎实，加上先生见他为人诚实、正派，又把秘不传人的兵法让他细细地学习、领会，因此，孙膑此时的才能远远超过了庞涓。一段时间过后，山下来了一位魏国使臣，带着丰厚的礼物和崇高的礼节来迎取孙膑下山。孙膑得到先生的鼓励，于是秉承师命，随魏国使臣下山。

到了魏国，孙膑便住到了庞涓府里。从表面上看，庞涓对师兄的到来表现得非常高兴，可是内心极其紧张、不安，他担心有朝一日孙膑会夺走属于自己的一切，成为魏王最赏识的人。又得知自己下山后，孙膑在先生的教诲下，学问、才能更高于从前，更是十分嫉妒。同时，由于魏王十分器重孙膑，更使庞涓产生了危机感，于是他下定决心：一定要除掉孙膑。孙膑是齐国人，他仿照孙膑的笔迹写了一封思念家乡、急于离开魏国的家书呈给魏王以栽赃孙膑，魏王大怒，对孙膑处以膑刑。庞涓假意收留了孙膑，这让孙膑感激涕零，实际上，庞涓是想监禁孙膑。最后孙膑知道了事情的真相，他对此感到非常担忧，于是心生一计，装疯并伺机寻找逃出庞涓府邸的机会。庞涓技不如孙膑，多次试探之后认为孙膑是真的疯了，于是慢慢地对孙膑放下戒心，对他的监视也松懈了许多。过了一段时间之后，当初了解孙膑的才能与智谋、向魏王推荐孙膑的墨翟将孙膑的境遇告诉了齐国大将田忌，又讲述了孙膑的杰出才能。田忌把情况报告了齐威王，齐威王要他无论用什么方法都要把孙膑救出来，为齐国效力。因此，田忌就派人到魏国，趁庞涓疏忽之际，在一个夜晚，先用一人扮作疯了的孙膑把真孙膑换出来，脱离庞涓的监视，然后快马加鞭，迅速载着孙膑逃出了魏国。

从此以后，庞涓内心的嫉妒和愤恨与日俱增，他把孙膑当作最大的威胁，每时每刻都盼望着有机会能置孙膑于死地。最终，庞涓在马陵道之战中中了孙膑的埋伏。万箭之下，庞涓无路可逃，自杀身亡。

男孩们，嫉妒是人的一大天敌，它能让人丧失本性，变得疯狂。一个有着严重嫉妒心理的人，往往是以恨人开始，以害己告终的。男孩们，远离嫉妒吧，否则受害最大的只有你自己。在我们的人生中，应做到以下七点：

①待人真诚一点儿，学会站在他人角度思考问题，为他人着想，多一点儿交流，就多一点儿情感；

②不要总是与他人比较，做好自己，争取每一天都是进步的；

③心胸豁达，做一个宽容的人，一个快快乐乐的人；

④向对方公开展示自己的抱负，提高自己在对方心目中的地位，给自己增加压力，利用竞争督促自己上进；

⑤懂得赞赏，懂得学习，每个人都有值得借鉴的地方；

⑥把别人的成就看作对社会的贡献，而不是对自己的剥夺或威胁，将别人的成功当作一道风景线来欣赏；

⑦让自己的生活多一点儿美好，不断充实自己，发现自己的闪光点，不断发扬，发现自己的不足，学会改变。

心理悄悄话

男孩们，在家里我们是家人的宝贝，享受着无限的关爱和保护，但是我们不能因此纵容自己，否则极易养成以自我为中心的心理，总是想着霸占一切美好。我们要学会分享，学会为他人着想，这样才能成为一个人见人爱的男孩。

学会原谅，是人生最大的福气

原谅是一种胸怀，也是一种魄力，一个懂得原谅的人，更是一个懂得自我救赎的人。

王凯和他的同学张晨是无话不谈的铁哥们儿，他们一起大学毕业，去了同一家公司工作。他们共同拜访了一位大客户，很快就要谈成一单大生意了，已经有了初步合作的意向，只等第二天签合同。王凯和张晨非常兴奋，在宿舍里喝酒庆祝，结果他喝得酩酊大醉，一直睡到第二天清晨。醒来后，他发现张晨不见了，等去了公司才知道，张晨趁他烂醉如泥的时候，提前签成了那单生意。当然，所有的功劳都成了张晨一个人的。

王凯去找张晨算账。对方辩解说，喝完酒，心里不踏实，所以打算连夜将那个合同搞定。想和他一起去，可是叫了他半个小时，也没能把他叫醒。王凯当然不信，可是和同学争吵又有什么用呢？因为那单大生意，他的同学升了职，并一直做到部门经理。而他，在很长的一段时间里，一直是公司的一个小业务员。

王凯接受了事实，继续埋头苦干，谈成了几单重要的生意，一年之后也升了职。可他就是不能原谅张晨。他和张晨彻底绝交，拒绝出席一切有张晨在的活动。他说只要看到张晨那张脸，他就愤怒到极点，恨不得将那张脸踩扁。

王凯说，他什么都可以宽容，但就是不能够宽容卑鄙。他谁都可以原谅，就是不能够原谅张晨。

后来，张晨多次找到他，跟他道歉，可是他对张晨的道歉总是置之不理。其实，他自己也并不快乐。尽管他总避着张晨，可是同在一个公司，哪怕再小心翼翼，也会见面。每到这时，王凯就会把头扭到一边，脸色铁青，哪怕一秒前他还在捧腹大笑。

王凯也觉得自己很难受。本来，犯错的是张晨，要受到心灵惩罚的，也应该是张晨。怎么到最后，难受的人竟成了他自己？并且，一直持续了好几年。

而王凯之所以难受，是因为他有太多的恨。一个人如果对另一个人有了仇恨，那么，他就会不快乐。多年来，他对张晨的仇恨在心中被无限放大，并变得根深蒂固。心中被仇恨占满了，快乐还哪有容身之处？原谅张晨曾经的过错，其实对于他自己也是一种解脱。

后来，王凯还是试着跟张晨交流了一下。结果，多年的积怨一扫而光，他们再次成了朋友。因为不再刻意回避张晨，王凯的事业也更加顺利，并再次升了职。

男孩们，原谅的过程也是解脱的过程，我们何乐而不为呢？

1.不为琐事较真

生活中，我们会经历很多事情，如果凡事都要较真，那可能会错过很多更重要的事。只要不触及原则性的问题，小事情还是要以宽容和原谅为本，这样也避免了在和他人置气过程中自己受到伤害。

2.人都是不完美的

每个人都有一定的缺点，不可能事事做得完美无瑕，所以，有的时候我们被冒犯也是他人的无心之失。如果面对他人的道歉还是斤斤计较，无法释怀，那么就太"小心眼儿"了。因此，坦荡一点儿，淡然一点儿，这样你的生活才会过得更加舒心。

心理悄悄话

男孩们，有句话说得好，"仇恨，只能产生新的仇恨"。是的，如果总是把一些矛盾埋在心里，那么人就会变得越发沉重压抑，并且会给周围的人带来消极的影响。而放下、原谅，则是一种积极心态，能够让正能量在人与人之间相互传递。

学会忘记不开心的事情

很多时候，我们对于一些比较快乐的事情，可能会容易忽略或者忘记，但是对于一些痛苦的回忆却久久不能释怀，一直放不下。其实，这是我们的内心还不够宽阔。忘记一些不愉快的事情，对于身心放松很重要的。

此外，很多人在生活中遇到问题极少反省自己是不是有什么过失，检讨自己的行为，而总是习惯于埋怨别人，认为自己才是受伤的一方。其实，这样只会使结果越来越糟糕。如果社会中的每个人都能够试图将他人的不足及自己的欲求尽量遗忘，多多检讨自己并改善自己，那么，彼此之间将会产生良性的互补作用。

一个女生有一件礼物，她送给了她的一个好朋友，并告诉朋友希望他也能送给对自己重要的人。她的好友把礼物送给了平日里比较严肃且挑剔的领导。因为好友觉得上司的严厉使他学到了许多东西，同时好友还希望上司能将礼物送给一个影响其生命的人。

领导收到礼物的时候感到非常吃惊，因为在他看来，大多数下属都对他比较疏远。可能是自己为人处世比较严苛，所以他觉得很正常。但让他想不到的是，他的这位下属竟然会感念他严格苛刻的态度，并把这当作是正面的影响而向他致谢,这使他的心顿时柔软起来。

领导拿到礼物之后,自己的心沉静了下来,若有所思地坐在办公室里,而后他提早下班回家,把他的礼物转送给了正值青春期的儿子。其实,他觉得自己和儿子的代沟太深,平日里总是忙于工作,忽视了儿子,而且时常责备儿子做得不够优秀。那天,他怀着一颗歉疚的心,把礼物送给儿子,同时为自己一贯的态度道歉。他告诉儿子,其实,儿子的存在带给他这个父亲无限的喜悦与骄傲,尽管从未称赞过他,也少有时间与他相处,但是他是十分爱他的,也以他为荣。

话音刚落,儿子就忍不住大哭起来。儿子告诉他,他感觉爸爸很讨厌他,看不到自己的优点,感觉自己的人生没什么希望,想离开这个家。这位领导吓得出了一身冷汗——自己差点儿失去了儿子而不自知。从此,这位领导改变了自己的态度,调整了生活的重心,也重建了亲子关系,加强了儿子对自己的信心。就这样,整个家庭因为一份小小的礼物而彻底改变。

故事里的一份礼物传达了彼此间没有表达出来的赞美和喜爱,在这份情感的流动中,人们遗忘了相处中所受的那些难过和责备,忆起了对方带给自己的幸福和美好。而收到礼物的那个人更能被你感动,看到你的心灵之美,他会更爱你。学会遗忘,遗忘他人的过失,遗忘彼此的矛盾,这是一种胸怀,也是一种快乐的传递。

1.耿耿于怀,难受的是你自己

很多事情,不管谁对谁错,时间久了,受折磨的还是那个耿耿于怀、不肯忘怀的人。所以,不开心的事情,就让它过去吧,过于纠结和在意只会让自己更伤悲。男孩们,你们都是小小男子汉,当你们学会遗忘,学会释怀,内心就会变得越来越宽广。

2.转移自己的注意力

转移注意力的方法对于调节人们的情绪有着很重要的作用。如果心里放不下一些事情，那就让自己忙碌起来，闲暇的时候多去参加一些集体活动，或者去健身锻炼，也可以多读书陶冶情操。采取这种暂时回避的方式，随着时间的慢慢流逝，很多事情也就淡忘了。

心理悄悄话

不知道大家是否经历过这样的事情：有些人记忆"好"得过分，对于生活中与谁产生了矛盾及烦扰的事情记得清清楚楚，从而纠结、难受，无法忘怀；有些人却很看得开，当你提及之前发生的不愉快和磕磕绊绊的事情时，他已忘到九霄云外。不同的人有不同的心境，学会遗忘不愉快，学会放宽自己的心，是一种气度。

第02章

善于思考，活用思维解决难题

只要你肯思考，方法总比问题多，因为人类有着强大的思维能力。男孩们，有时候你觉得解决问题的步骤很复杂，恰恰说明你思考得太简单。其实，很多问题直路不一定能直达，弯路不一定会绕远，做事情时要懂得多角度思考问题，运用发散思维，这样在你看来不可能的想法，也许就是答案的藏身之处。

善于思考，问题终会迎刃而解

很多时候，我们总是抱怨，抱怨面对的问题太难，根本没法解决。可是，我们为何不从自身找原因呢？前方的路是靠我们一步步走出来的，那好的想法和解决问题的思路也是靠我们一点点想出来的。没有什么"不可能"，只是我们不懂得思考，只是我们"没想到"罢了。不管是生活还是学习，我们都会遇到这样那样的问题，其实，很多问题并不难，只是我们不会思考。如果能够开动脑筋，转个弯，或许一切就会豁然开朗。学会思考吧，也许有一天你也会发明前人不曾想或不敢想的事物，也会创造一个新的奇迹。

李莉和张潇从小就是好朋友，平日里经常在一起，但在学习的问题上她们却走着不同的路线。

李莉擅长做理科题，她不仅善于做题，而且喜欢做题。李莉自己曾经说过，越是难做的题，越是别人做不出来的题目，她反而越会愿意去想。

和李莉相反，张潇并不喜欢思考，有不懂的就直接去问李莉。李莉并不小气，把她所能想到的真诚相告。尽管张潇也很聪明，李莉一讲她就明白了，但奇怪的是，张潇的成绩始终不会高过李莉。

张潇以前听爸爸说，人的大脑要持续运转才行，如果长时间不用，就会变迟钝。李莉的大脑是经常思考问题的，所以变得越来越活跃，以至于经常想到常人想不出来的方法。张潇也想变得和李莉一样，变得爱思考。

张潇心想，今后再有不会的题目，要先自己去思考，如果实在想不出来，再去问李莉吧。虽然张潇羡慕李莉的头脑，不过那是后天修炼来的，所以张潇也要让自己变得更聪明、更有能力。

的确，如果只是寻求他人的帮助，不懂得独立思考，那么我们的思维就会受到越来越严重的限制，久而久之，什么问题也解决不了。男孩们，请时刻记得：思考会让你的大脑越来越灵活。

爱因斯坦对为他写传记的作家塞利希说："我没有什么特别才能，不过喜欢寻根究底地追问罢了。"在这个寻根究底的过程中，最常用的方法就是用脑思考。他自己深有体会地说："学习知识要善于思考、思考、再思考，我就是靠这个学习方法成为科学家的。"

达尔文说："我耐心地回想或思考任何悬而未决的问题，甚至连费数年亦在所不惜。"

牛顿说："思索，持续不断地思索，以待天曙，渐渐地见得光明。如果说我对世界有些微薄的贡献，那不是由于别的，只是由于我的辛勤耐久的思索。"他甚至这样评价"思考"："我的成就当归功于精微的思索。"

男孩们，看完这些名人的经验，我们应该明白思考的重要意义。思考会让你学会主动地去发现问题、分析问题、解决问题，在这个过程中，你的思维将会得到很大的提升。独立思考是一个人有所创造最重要、最基本的心理品质。所以，养成独立思考的习惯，是成大事者必备的条件。

1.敢于质疑

很多人总是对一些所谓的权威盲目崇拜，其实，学习知识要不唯书、不唯上、不迷信老师和家长、不轻信他人。要保持内心的好奇心和求知欲，敢于说出自己的独到见解，这是提升创新能力的重要一环。

2.不要被困难吓倒

考试的时候，很多人看到题目，脑海中总是出现"太难了，我肯定解答不出来"的悲观消极的思想。男孩们，遇到难题，你首先不要被吓倒，你不去思考，不去一步步地解析，怎么知道自己不会呢？就算你没解答到最后，但是这个开动脑筋解答的过程却极好地锻炼了你的思维能力。所以，不要紧张，也不要放弃，只有思考才能寻找到问题的出路。

心理悄悄话

男孩们，学习中我们可以尽可能多地给自己提一些"假如……""如果……""否则……"之类的问题，这样能强迫自己换一个角度去思考，想自己或别人未想过的问题，才能收获不一样的结果。

别被常规思维所禁锢

思维定势，也就是人们所说的"惯性思维"，从一定意义上来说，是束缚创造性思维的枷锁。生活中，惯性思维对人们的影响比较大，它会严重阻碍人们的发展与创新，只有及时地打破思维定势，才能取得更大的突破。

莫扎特和海顿都是非常著名的音乐大师，同时他们也是关系密切的好友，平日里两人常常聚在一起交流各自对音乐的理解和看法。有一次，莫扎特新谱了一首钢琴曲，这首曲子的难度特别大，于是他就去找海顿一起交流。海顿看完莫扎特的这首钢琴曲，有些疑惑地说："这首曲子根本无法弹奏出来，你看，当你两只手在钢琴的两端弹奏时，突然出现一个钢琴中央的音符，你总不会有第三只手来弹奏吧！"

看到海顿疑惑的表情，莫扎特笑了。于是他拿着乐谱在钢琴前弹了起来，当弹奏到这个中间音符时，莫扎特低下头用自己的鼻子敲击了那个琴键，完美地演奏出了这首曲子，使一旁的海顿赞叹不已。

一首难度极高的曲子，在海顿看来是不可能弹奏出来的，因为人没有第三只手。可是我们想不到的是，莫扎特竟然用鼻子去敲击琴键，这完全突破了人们普通的思维方式，让这一首难度极高的曲子完美地呈现了出来。

男孩们，在遇到问题时，如果按照常规的方法无法解决，我们为何不拐个弯，换一种思路呢？成功者善于使用经验，他们也更懂得如何让自己突破思维定势，遇事能够具体问题具体分析，避免头脑以瞬间的定势反应，让自己犯因循守旧的错误。

1.更新陈旧观念，解放思想

"天下乌鸦一般黑呀！""是呀，从小大家都这样说。""是的，书本上也是这样记载的。"事情真是这样吗？国内外有许多报刊报道说，在世界不少地方都发现了白乌鸦。这是真的吗？为什么直到如今才发现白乌鸦？究其原因，就在于"爷爷说的""书本上写的"等旧观念束缚了世人的头脑。因此，男孩们，"尽信书则不如无书"，要打破思维定势，就须从怀疑旧观念、发现新事物开始。

2.多想，多尝试

前人留下的经验就是真理吗？我们难道要只依靠已有经验，忽视自己的思维吗？男孩们，我们在学习中何尝不是如此呀！在做习题的时候，我们可能会更多地依赖一些总结好的方法。其实，自己遇到难题时，多去思考一下，多尝试着去钻研一些"另类"方法，或许能拓展更多的解题思路。

心理悄悄话

男孩们，我们现在还处于学习阶段，学习中切忌思维定势，不要钻牛角尖，一定要懂得独立思考，换个角度解决问题，这样你才能更好、更快地突破难关。

运用逆向思维，有意想不到的结果

一位老奶奶今年刚刚退休，她想远离现在的生活环境，回到老家的一个小城里。于是，她买下了老家的一座房子，打算长期住在这里，撰写回忆录，安静地度过晚年。

在这里住了一段时间，老奶奶感觉很舒心，这里环境清幽，除了日常生活，自己就一个人沉浸在写作中，因此，整个人感到非常幸福。可是没多久，幽静的环境被意外打破。窗外总是有踢球的噪音、呐喊音，影响了老奶奶的休息和写作。因此，老奶奶感觉有点儿心烦，想着怎么恢复原来幽静的生活环境。

老奶奶发现，在这里吵闹的原来是一群小孩子，他们发现这个地方之后，每天下午放学都约好来这里玩耍。

老奶奶看着，听着，心里有点儿着急，这可怎么办呢？这几个小孩子在这里玩得这么愉快，假如直接制止他们，肯定会让他们不高兴，这个年纪的孩子，越是阻止肯定越是跟你作对。于是，她启动逆向思维模式，想出一个办法。

老奶奶走出房门，招呼过来这群小孩子，对他们说："孩子们，你们在这里玩真的好热闹哇，我真的非常开心，如果每天都能看到你们在这里玩耍，我就不孤单了，那该多好哇。要是你们每天都来玩的话，我每天给你们每人一块钱。"

在这里玩耍还能给钱？这真的是太好了，这几个孩子感到很兴奋，于是更卖力气地展示他们的腿脚功夫。

三天过去了，老奶奶面带忧虑地对孩子们说："最近，我的收入没以前那么多了，所以孩子们，以后我只能每天给你们五毛钱了。"

听到这个消息，孩子们感到好失落，但还是勉勉强强地答应了。于是，每天老奶奶还是能听到他们踢球的声音。

一星期之后，老奶奶装作更不开心的样子，她对孩子们说："孩子们，我已经好久没有收到养老金了，最近生活比较困难，所以每天我只能给你们两毛钱了。"

孩子们听到就很不高兴了，感觉非常失望，于是他们生气地说："每天只给两毛钱，我们才不要那么费时间、费体力地表演给你看呢！"

从此之后，孩子们再也不来踢球了，老奶奶重新恢复了原先安静的生活，每天静静地写书，感觉生活非常美好。

其实，老奶奶并没有出现她所说的资金短缺问题，她只是分析了孩子们的心理，知道他们有逆反心理，如果苦口婆心劝说，反而会使他们更顽皮。

于是，她采用了迂回战术，运用逆向思维，从反面下手。如此一来，老奶奶顺应了孩子们的心理，让他们闹腾，还用钱来鼓励他们。少年在金钱的刺激下，不知不觉中，把兴趣变成了谋利的表演。之后，老奶奶开始逐步减少费用。当少年觉得费用和表演不匹配时，感觉吃了亏，便自动终结了表演。

男孩们，如果一件事情通过正向思维无法解决，那就不要硬来，可以从反方向去尝试，说不定事情的结果就会朝着自己所希望的方向发展。

1.培养发散思维

我们可以思考"砖头有多少种用途"，至少有以下各式各样的答案：造房子、砌院墙、铺路、刹住停在斜坡的车辆、作锤子、压纸头、代尺划线、垫东西、作为搏斗的武器等，这就是发散思维。男孩们，在解决问题的时候，要多方面考虑还有没有其他方法，而不是局限于一个答案，要善于多渠道、多方法地去处理。

2.勤于实践，不断总结

男孩们，我们平时应该学会观察，学会总结，多看看别人是怎么做的，从中吸取一些经验；多做一些发散思维的数学题，多角度考虑问题；多读一些关于思维方面的书籍以及趣味故事书，慢慢地提升自己。

心理悄悄话

人们习惯于沿着事物发展的正方向去思考问题并寻求解决的办法。其实，对于某些问题，尤其是一些特殊问题，从结论往回推，倒过来思考，从求解回到已知条件，反过来想，或许会使问题简单化。

思维转换，一切豁然开朗

很多时候，人们总是把自己逼到问题的一个角落里，苦苦钻研，可是怎么也找不到出路。与其如此，为何不选择开动脑筋，转个弯呢？多一种思路，就多一条出路。思路转变人生，观念影响前途。很多失败都从最初一个错误的思路开始。因此，你必须有一个很清晰的思路，思路直接影响着你将要做的事，而你所做的又将决定你未来的发展。男孩们，请记得：很多事情我们确实难以改变，可是我们可以改变自己，改变我们的思路。

曾经有一家公司，主要做牙膏生意。多年来，该公司的产品不论是包装还是质量都做得非常优秀，一直深受大众喜爱。公司的发展良好，每年的营业额不断上升。记录显示，前10年，每年的营业额增长率为10%～20%。这令董事会兴奋万分。

可是，接下来的3年，公司的销售业绩却停滞了，效益非常不好。这种状况引起了董事会的担忧与不满，于是召开经理级以上的高层会议，商讨对策。

开会的过程中，有位年轻经理突然站起来，对总裁说："我手中有一张纸条，纸条里有个建议，您若要采用我的建议，必须另付我5万美元。"

总裁听了很不高兴，他说："你不觉得你这样说太无礼了？我按月给你薪资，还有奖金与分红，现在一起开会出谋划策是你的职责所在，你竟然还要求额外给你5万美元。""总裁先生，请别误会，您支付我的薪水，是让我平时卖力为公司工作，但这是一个重大而又有价值的建议，您应该支付我额外的奖金。若我的建议行不通，您可以将它丢弃，1分钱也不必支付。但是，您损失的必定不止5万美元。"年轻的经理解释说。"好，我就看看它为何值这么多钱？"总裁接过那张纸条，阅毕，马上签了一张5万美元的支票给了那个年轻的经理。那张纸条上只写了一句话："将现在的牙膏开口直径扩大1毫米。"

总裁决心放手试一下，于是命令各部门行动起来。换新包装之后，消费者每天刷牙就多用直径扩大1毫米的牙膏，每天牙膏的消耗量将多出多少呢？这个决定，使该公司第14年的营业额增加了32%。

只是这样一个小小的思维转变，却能获得意想不到的效果，这就是思维的强大力量。因此，男孩们要向这位经理学习，敢于突破常规，多动脑，转变思维模式，或许你很快就会从传统的思维中探索出一条新的道路，那么你打开的这"1毫米"的思维将会给你带来不一样的结果！

1.多去想，懂得变通

人有着灵活的大脑，所以遇到事情不要总是一根筋，学会变通才能有所突破。要灵活地处理问题，如果这个方法不行，我们可以选择另一种方法，不要太死板，具体问题必须具体分析。否则，前面是万丈深渊了，难道还要跳下去？

2.要有怀疑的精神

"学贵有疑，小疑则小进，大疑则大进。"怀疑的精神对于产生创造性的思想是非常重要的。男孩们，我们的大脑中要时刻存有一个问号，敢于质疑，发表自己的看法，这是提升创新能力的重要一步。

心理悄悄话

随机应变、灵活变通是一种智慧，这种智慧让人受益。我们要记住的是：任何问题，要是能用积极的心态、多换几个角度去思考，肯定都会有通融的办法。"红灯亮了绕道走"——学会多角度、灵活地看待、处理问题，生活会因此而大放光彩！

理清思路，先做最重要的事情

我们平日里可能会遇到这样的场景：有些人整天忙来忙去，可总是忙不出什么结果；有的人看似比较清闲，却事事处理得非常到位。大家想一想，为什么同样是一天，不同的人收到的却是不同的效果呢？其实，生活中事情太多，有时候会把一部分人搞得焦头烂额，思绪已经乱得不知如何梳理，这个时候，我们就要学会弄清楚哪件事才是最重要的，把最重要的事情先做好，这样才能有条不紊地去完成自己的任务，让思绪保持清晰。

男孩们，在不断成长的过程中，我们的视野会变得越发开阔，与此同时，生活中面临的问题也会不断增多，甚至有时候会遇到一些措手不及的事情。置身其中，我们有时真的会感到眼花缭乱，但这些事情又都与我们有关，都必须去处理。因此，我们需要保持清醒的头脑，不能乱了分寸，要相信方法总比问题多，分清主次，逐步攻破各个难关。

上课铃响，老师走进教室。老师的手里拿着两样东西，一个是大口的玻璃瓶，另一个是一袋小石块和沙子。这时候，老师将石块一块一块地放进瓶子里，直到石块达到瓶口的位置，看上去再也放不下任何一块石块的时候，老师开始向他的学生们抛出问题："瓶子是否已经被塞满？"

这时，学生们齐声大喊："满了。"可是老师却一言不发，默默地把那些小石子倒进了玻璃瓶里，并不断地敲击着瓶子的玻璃壁，以便于小石子能够更充分地填满石块间的间隙。"同学们，现在呢？"下面的学生已经明白了其中的道理，都说着"没有"之类的话。

"说得好！"接下来，老师又将沙子倒入了玻璃瓶，很快，沙子填满了石块和小石子间的所有空隙。这时候，同学们还是说："没有满。"最后，老师拿出一杯水将它全部倒进了玻璃瓶，水面刚好到达瓶口的位置。

这时候，老师宣布实验结束了。整理好所有的器具和材料，老师提出了这样一个问题："同学们，你能从实验中得出什么道理呢？"一个学生很快地举起手发言："它告诉我们，无论你的时间表已经安排得多么紧凑，只要你真的肯再加把劲，就还能够挤出一些时间去做更多的事情。""很有道理。实验能给人带来很多方面的启发，但是本次实验老师是为了告诉大家另外一个道理，那就是如果没有先把那些石块放进瓶子里，那么等到所有的东西都被陆续放进去的时候，你就再也无法把那些最大也是最重要的石块放进去了。同学们，你知道自己生活中的'石块''小石子''沙子'各是什么吗？想必只有你自己最明白。老师只是提醒你们应该首先处理好这些'石块'，否则你将一生都与它擦肩而过，那么就只剩下后悔和抱怨了。"

男孩们，随着我们渐渐长大，我们要处理的事情将会越来越多，这时候就要看我们的大脑是否灵活、思维是否清晰，是否懂得合理安排各项事宜。男孩们，请记住，如果感到头绪混乱，不知如何下手，那就先把最重要的事情做好，久而久之，你就会在不自觉中做成自己想要做的事。

1.学会合理安排时间

男孩们，你如果感觉自己找不到头绪，面对一堆问题感到紧迫，不妨合理利用晚上的时间。每天晚上我们可以好好思考一下第二天有哪些任务，如果记不住也可以把事情记在本子上，依"重要性"和"紧迫性"加以排列。

2.有时候，不妨使用一些小技巧

不要想把所有的事情都做完；手边的事情并不一定是最重要的事情；如果你已经把最重要的事情都做完了，那么，剩下的事情也可以明天再做。

心理悄悄话

男孩们，我们已经是十几岁的少年了，我们应该有自己的想法和处事的主意，遇事保持积极乐观的心态，稳妥而又分清主次地做好每一件事情。

创新，从一个想法开始

一家优秀企业为适应形势发展需要进一步扩大经营规模，准备高薪诚聘营销主管一名。消息传开，参加应聘的人可谓是人山人海。面对如此多的应聘人员，经理说："我们现在需要的是一名各方面素质极为优秀的营销人才，此刻，我为大家准备的是一道实践性的试题：想办法把木梳尽量多地卖给和尚。"题目一出，有的人感到困惑，有的人感到愤怒，有的人感到不可理喻……没过多长时间，应聘者就只剩下了三个人。此时，招聘经理对这三个应聘者交代:"以十日为限,届时请各位将销售成果汇报给我。"

转眼间,十天已经过去了。

第一个人来到经理办公室,经理问:"你卖得如何呢?"他说:"只卖出去一把。""怎么卖的?"他如实地把过程中的艰辛与和尚们对他的批判告诉了经理。幸运的是在下山途中,他遇到一个小和尚正在一边晒太阳,一边使劲挠着头皮。他灵机一动,赶忙递上了木梳,小和尚用后满心欢喜,于是买下了一把。

紧接着第二个人走进了办公室,经理问了同样的问题,他告诉经理卖了10把。他说这几天去了一座古寺,那里有很多进香的人,可是山上风挺大的,吹得进香者的头发都凌乱了。他找到寺院的住持说:"蓬头垢面是对佛祖的不敬,应在每个殿堂的香案前放把木梳,供善男信女们梳理鬓发。"住持采纳了他的建议。那个古寺共有10个殿堂,于是住持买下了10把木梳。

第三位进去之后,他的回答让经理大吃一惊,他竟然卖出去了1000把梳子。他说他打听到了一处颇具盛名的、香火极旺的深山宝刹,那里每天朝圣者如云,施主络绎不绝。他对住持说:"凡来进香朝拜者,都有一颗虔诚之心,宝刹应有所回赠,以作纪念,保佑其平安吉祥,鼓励其多做善事。我有一批木梳,您的书法超群,可在上面写上'积善梳'三个字,作为赠品赠给进香朝拜的人。"住持听后感觉非常有道理,立即买下了1000把木梳,并请他小住几天,共同出席了首次赠送"积善梳"的仪式。得到"积善梳"的施主与香客十分高兴,于是他们互相传颂着这一份美德,前来拜佛的人也就越来越多,寺里的香火也更旺了。除此之外,主持还恳请他帮忙再买一些更多品种的木梳,希望得到不同类型施主的喜欢。

男孩们,试想一下,当听到要把木梳卖给和尚的时候,或许我们也会觉得这是一件荒唐事，可是这种荒唐事还是有人能够做到。把"不可能"变成了"可能"，这就是思维的力量。我们总是把梳子看作是梳头发的工具，在这一点根本无法与和尚联系起来，但梳子除了梳头的实用功能外，还有其他的附加功能，多数人是达不到这一层次思维的，这就是创新思维。在别人认为不可能的地方开发出新的天地，需要激发创新思维潜能，激发大脑正能量。否则，就算外部条件对我们再有利，我们也会因为缺乏创新力而与成功失之交臂。

1.充满幻想

幻想对于推动思想的进步有着极大的意义。只有敢于去想，敢于在脑海中绘制那个奇特画面，才能够更好地把你的想法付诸实践。男孩们，你们现在还处于喜欢幻想的阶段，要珍惜自己的这一宝贵财富。幻想是构成创造性想象的准备阶段，今天还在你幻想中的东西，明天就可能出现在你创造性的构思中。

2.培养创新精神

面对问题，我们不应该总是被束缚在老套的思想里，可以借鉴经验，少走弯路，但是我们也要自己去开创一些新的方法。男孩们，解决问题的方法有很多，不要仅仅局限于那些约定俗成的知识，要敢于发现、探索、创新，这样你的思路才会更加开阔。

心理悄悄话

落后就要挨打，创新才能突破。懂得创新的人不会永远跟在别人的后面走路，那些勇于探索、大胆创新、另辟蹊径而走出属于自己路的人，他们的成功往往叫人惊叹。因此，男孩们，大胆一点儿，发散自己的思维，做新时代的创新型少年吧！

第03章

成长征程，青春少年之烦恼

长大是一个必须面对的人生问题，这或许对于一直做着"皇帝"梦的小男孩来说有点儿困难。但是男孩们应该听过一句话："少壮不努力，老大徒伤悲。"如果不能从小立志努力，长大后就会很平庸。父母只是我们一时的避风港，而不是能陪伴我们一生的保护伞，他们已经为我们付出了许多，我们是时候摆脱对他们的依赖，独自走上人生的旅程了。

呢？行动起来，从点滴做起，学会对父母表达你最真切的爱吧！

世界不是围绕你旋转的

现今社会，孩子们都是家中的宝贝儿。在家里被宠爱也就算了，可很多学生到了集体之中也一样"我说了算"。比如，在班级里，班上要组织点儿什么活动，总有一部分同学就是无法和周围人好好相处，不是瞧不起这个，就是看不起那个，总觉得自己了不起。要是遇到分组活动，各种矛盾更是层出不穷。太过以自我为中心，使很多孩子失去了与他人交流的机会，也失去了向他人学习的机会。这种现象已经越来越普遍，令人担忧。

陈丽、王月和李娇一直都是非常要好的姐妹。有一次，她们约好各自带着孩子出来小聚，她们进入一家店里买东西，正好三个人买的东西合起来可以收到店家赠送的一份精美礼物，结果看到礼品之后三个孩子都想要。陈丽的孩子首先把礼物拿到手中，王月的孩子看到后不高兴了，哭着要，李娇的孩子看到他们哭，也跟着哭了起来。后来，陈丽好不容易才把孩子说服，放弃礼物送给弟弟妹妹，王月也把孩子说服放弃了。如此一来，这份精美的礼品非李娇的孩子莫属了，但让人出乎意料的是，李娇说不能让孩子独享这个礼物，否则，他以后就会认为，只要通过哭闹，就能达到自己的目的。最后，三个孩子都没有带走那份礼物。

李娇知道，孩子不顾及其他两个孩子的感受，一心想得到礼物并把哭闹作为一种"威胁"的手段,是一种以自我为中心的表现,一旦让他得到满足,就会助长他的这种心理。相反的,把礼品留下来,并告诉他,另外两个孩子也很喜欢这个礼品,那么下一次,他想要得到某样东西时,就会考虑别人的感受。

男孩们,如果不考虑他人的感受,一味地满足自己的需求,那么我们就真的是一个自私自利的人了。长期下去,这种性格也必然会严重阻碍个人的发展。

男孩们,你要记住,世界不是从你出生那一刻才开始运转的,你也不是世界的中心,所以如果想要获得朋友的喜爱,与朋友友好相处,你就要及早摆脱这种心理。

1.从家庭中做起

由于家庭的宠爱,很多孩子总是把自己当作世界的中心,从不考虑他人。男孩们,我们要摆脱这种心理,从小做起,从自己的家庭开始,一点点逐步改善。比如,有什么好吃的,全家人一起分享,有意识地去主动负责力所能及的家务等。要明白,在这个世界上,每个人都是普通的一分子,不应享受特殊的待遇。久而久之,那种自我中心的行为倾向也就无所依托了。

2.懂得付出

与人相处,不要总是要求他人对自己好,我们自己也要学会去为了他人付出一些东西。如果在交往中为了满足自己,处处维护自己的自尊,与其他人对立,最终只能将自己封闭起来,将自己与外界隔离开来,处于自我封闭和自我隔绝的状态。

心理悄悄话

自我中心是一种极为常见的现象,在这种心理下人们总是希望周围的一切围着自己转，自己是世界的中心，很少关注他人的想法。对于中小学生来说，这种现象产生的主要原因是缺乏良好的家庭教育。在家庭中，他们处在中心的地位。曾有小学生说："在家里爸爸听妈妈的，妈妈听爷爷、奶奶的，而爷爷、奶奶听我的，家里我是老大！"在家庭中形成的这种自我中心的个性使他们在人际交往中也是以自我为中心，希望别人服从自己，而且以自己的眼光去评判周围的事物，不能客观评价别人和自己。

请珍惜学生时代的时光和青春

"燕子去了，有再来的时候；杨柳枯了，有再青的时候；桃花谢了，有再开的时候。但是，聪明的，你告诉我，我们的日子为什么一去不复返呢？——是有人偷了他们罢：那是谁？又藏在何处呢？是他们自己逃走了罢：现在又到了哪里呢？……"在这一篇《匆匆》中，朱自清不知道道出了多少人的感慨与无奈。太阳落了，第二天还会升起，可是我们自己的时间呢？我们的青春呢？那都是一去不再来的呀！

男孩们，古往今来，珍惜时间可以说是一个永恒不变的话题，也是历代警诫后人成功的必备秘诀。时间就是生命，希望男孩谨记。

自古以来，懂得珍惜时间的名人很多，鲁迅就是其中一例。在鲁迅12岁上私塾的那段时间，家里已经很艰难了，父亲病重，弟弟年幼，他不仅要在学校读书，还要帮助母亲照顾家里，所以，时间对于他来说非常重要。

由于特殊的家庭情况，鲁迅读书的时间并不是很充足，所以他整天都在尽力挤时间学习。鲁迅读书的兴趣十分广泛，又喜欢写作，对于民间艺术，特别是传说、绘画，也十分爱好。由于这种广泛的兴趣爱好，时间对鲁迅而言就更加珍贵，因此，只要有闲暇时间，他就去读书学习。鲁迅身体不好，工作条件和生活环境都不好，但他每天都要工作到深夜才肯罢休。

时间就是生命，鲁迅一直都是这样认为的。在生活中，他非常不理解那些总是没事串门子、四处话家常的人。有时候，他忙于工作或学习，如果有人来他家没事唠叨，他就会非常厌恶，甚至毫不客气地对人家说："唉，你又来了，就没有别的事好做吗？"

爱迪生有一句话："我们的人生实在是太短暂，我们要学会节省时间，这样才能做更多的事情啊！"

男孩们，你们是否意识到这一点呢？我们要从现在开始，把握住自己的时间，不让时间白白流逝！

1.适当惩罚

上课迟到、做事拖拖拉拉……这些都是浪费时间的表现。我们要学会自我惩戒，警告自己下次注意。比如，如果迟到，惩罚自己下课休息时间留在教室学习，也可主动去找老师承认错误，立下保证，请老师监督自己。

2.善用整块时间干一整事

我们要学会利用一整块时间去把事情一次性做完，不要总把事情分成几段时间来做。比如，在计算一道复杂的数学题时，如果每天想一会儿，就去做别的事，那么第二天又得从头开始想，因为前一天的思路已经忘记了，这样就会很耽误时间。

🦻 **心理悄悄话**

时间就像海绵里的水,只要挤一挤总会有的。男孩们,我们要从小认识到时间的宝贵,珍惜时间,作息规律,养成良好习惯。此外,还要注意劳逸结合,合理放松自己。

终有一天,你将独自去闯荡

陶行知先生说过一句话:"滴自己的汗,吃自己的饭,自己的事,自己干。靠天靠地靠祖上,不算是好汉。"终有一天我们会长大,走出自己的家,我们不能一直指望父母为我们包办一切,因为我们还要为父母做很多。成长是一个过程,男孩们要摆脱依赖才能在辽阔的天空自由翱翔。

有一天,天气格外好,一位老农去山上砍柴,傍晚回家的时候遇到一只小鸟。这只小鸟长得很奇怪,身上几乎没有羽毛,老农就将它带回家里,给自己的孙子玩。

农夫的孙子很喜欢这只小鸟,就把它偷偷地放进鸡群里,可是母鸡竟然没发现什么不同,把它当作自己的孩子一般对待。

过了一段时间,这只鸟长大了,它的体型完全不同于小鸡,身上长出了黑色的毛,脖子长长的。有人看出它是一只鹰,于是人们都害怕它会叼村里的鸡。但是,人们的担心是多余的,这只长大的鹰始终与鸡相处得很和睦,没有一点儿要伤害鸡的意思,只是它会出于本能飞上天空翱翔,再向地面俯冲,这时才会引起鸡群的片刻恐慌和骚乱。时间长了，左邻右舍都很厌烦这只生活在鸡群里的老鹰，如果谁家鸡丢了，他们首先就锁定在那只鹰身上，因为鹰毕竟是鹰，生来就是要吃鸡的，即便是在鸡群中长大的，也摆脱不了吃肉的天性。后来，人们一致要求：要么杀了那只鹰，要么把它放生，让它永远别回来。

农夫一家非常舍不得杀害那只鹰，迫于压力，他们只好选择将其放生，让鹰离开他们。可是不管他们怎么丢弃它、驱赶它、殴打它，那只鹰死活都不肯离开。最后，他们终于明白了：原来，鹰很眷恋它从小长到大的家园，舍不得离开那个温暖舒适的窝。后来，村里的一位长者听说了此事，便说："把鹰交给我吧，我会让它重返蓝天，永远不再回来。"

这位长者带着鹰，走到了村边一个非常陡峭的悬崖边上，他站在那里，把鹰直接扔向万丈深渊。刚开始的时候，那只鹰如同一块石头般向下坠去，快要坠落到涧底时，它忽然轻轻拍了拍翅膀，便飞向了蔚蓝的天空。

鹰飞得越来越高，它的身姿越来越矫健，也越来越自由。是的，这就叫作翱翔天空，因为蓝天才是它真正的家。飞着飞着，它逐渐远去，最终成为一个黑点，消失在人们的视野里。

成长的道路充满未知的困难，只有让自己尽快成长起来，我们才能在人生的征程中越走越远。

1.必须有理想

没有理想，何谈成功？前进的方向需要理想的指引，没有理想，就无法攀登人生的新高度。所以，诺贝尔奖永远颁给拥有理想的人们。然而，男孩们，你们心目中理想的旗帜是什么？崇高感、使命感从来是灿烂的人类文明精神的标志之一。男孩们倘若失却了自己的理想与信念，那么你们的人生价值便会无所依附。

2.必须摆脱依赖心理

男孩要学会选择,学会做事的技巧和知识,从而摆脱对父母的依赖,努力靠自己的力量去取得一次次小的成就,慢慢地树立自信心和独立自强的意识。

心理悄悄话

男孩们,或许你们觉得自己还小,依赖父母是理所当然的事情,你可曾想过,如果养成了依赖的习惯,那么长大之后我们该如何独立生活呢?一辈子躲在父母的庇护之下吗?像最初的老鹰一样舍不得温暖舒适的窝。如果是这样,那你一辈子就只能是"一只鸡",不可能成为"老鹰"。

学生时代,就应该努力学习

王凯从小就是一个调皮的孩子,从来不知道学习,在校期间总是顶撞老师、欺负同学、上课开小差,是学校里出了名的问题学生。初中毕业之后,他没有考上高中,被家里安排到一所技工学校去学习技术,可是没待一年,他受不了学校的管制,最终还是退学了。当真正面临现实,面对生活的时候,他才知道社会的残酷。由于上学期间没好好学习,什么都不会,而且也没个正经的文凭,所以屡屡受挫之后,他去了一个工厂打工。艰苦的打工生活让他终于知道了"少壮不努力,老大徒伤悲"这句话的真正含义,他非常后悔上学时自己的愚蠢行为,开始怀念起学习,对于自己的前途也感到非常担忧。

这个故事告诉我们一个道理：小时候不好好努力，长大后就会像王凯一样，想学都来不及了。正所谓"少壮不努力，老大徒伤悲"，男孩们，在学习上一点儿也不能松懈，我们坚信每一个人都想成为一个有用的、为国家奉献的人。所以，一定要好好努力学习，千万不能像王凯一样半途而废！

南北朝时期南朝宋、齐时期（公元441—513年）的史学家兼声韵学家沈约，出身于已经破落的官宦之家。他的父祖辈都立有军功，做过将军、太守一类的官，并且大多能文能武，有著作传世。到沈约这一辈时，由于统治集团内部矛盾，家族中已有多人被杀，家里的财产或被充公，或被瓜分，已经变得十分贫穷了。沈约13岁时，父亲也在政治风波中被杀，使得沈约少年时代就流寓异乡，孤贫无靠，过着投亲靠友混口饭吃的日子。但是沈约并没有因此而消沉，他从小就立定志向要振兴家门。在颠沛流离中，他没有学好武艺，不能像父祖辈那样立军功做将军。但他读书很用功，积累了不少知识，于是决定著书立说，做个文人学士。沈约特别喜欢史学和声韵学，很早就立定志向做个史学家和声韵学家。他生活的时代离晋朝灭亡还不远，记晋朝始末的史书还没有人编写，于是他先着手编写《晋书》。经过多年努力，编成了《晋书》110卷。不久，刘宋灭亡，南齐建立，沈约又决定编写《宋书》。他不光立志，而且立定志向就孜孜不倦地去实行。又经过多年努力，他编成了《宋书》100卷。后来，沈约编的《晋书》在战乱中亡佚，而《宋书》则流传了下来，并被列入《二十四史》之中。在声韵学方面，沈约经过多年研究，撰有一部《四声谱》，为中国声韵学的研究开创了先河。另外，他还有文集100卷，收有他平日所写的诗文。沈约的成就，与他从小就立定志向，树立了远大目标，并为之不倦地奋斗是分不开的。

男孩们，你们是否也有这样的情况？常常整天在家看电视，或出去和同学玩，只有爸爸、妈妈在的时候，才会认真地看一会儿书，或应付一下老师布置的家庭作业；常常将今天的作业推到明天，明天的作业推到后天，而到了后天还想玩，把时间就这样白白浪费了。

男孩们，成长起来吧！十几岁不立志，三四十岁会很平庸。其实，以下几点对于男孩的成长来说，有着很好的借鉴意义。

1.珍惜学习时间

"时间就像海绵里的水，只要你挤一挤，总是有的。"可是，生活中又有多少人在挥霍时间呢？时间稍纵即逝，青春也是一去不复返，我们应该反思一下自己，是否用实际行动去珍惜时间，是否对时间的重要性有过清醒的认识。男孩要明白，时间是公正的，它回报勤劳者以硕果，回报懒惰者和平庸者以贫穷。

2.尽力做好每一件事

当前的主要任务是学习，在宝贵的学习阶段，我们应该明白每天的付出和努力是多么重要，只有这样，我们才能更好地投入学习。路在脚下，我们只有脚踏实地地一步步去实践、去尝试，才不会悔恨终生。

心理悄悄话

"少壮不努力，老大徒伤悲"，相信男孩们已经明白了时间是多么重要，又是多么宝贵！从现在起，养成良好的生活习惯，早睡早起，做好学习计划，合理利用时间，牢牢抓住一分一秒，认真学习，积累知识，使自己成为一个品学兼优的学生吧。

独立，是成为男子汉的必经之路

有这样一个故事，值得现在的一些父母和孩子反思。

有一个狐狸妈妈，生了一窝小狐狸，这群小狐狸非常可爱。慢慢地，它们到了需要自己捕食的年龄，这时候，狐狸妈妈为了锻炼它们的独立生存能力，只能狠下心把它们全部赶出家门。可是小狐狸们舍不得妈妈，不想离开，狐狸妈妈又咬又追，毫不留情。小狐狸中有一只是瞎眼的，但是狐狸妈妈并没有给它特殊的照顾，照样把它赶得远远的。因为狐狸妈妈知道，没有谁能养孩子一辈子，小狐狸们从这一天起便长大了，那只瞎眼的小狐狸也终于学会了靠嗅觉来觅食。

过分依赖，过度宠爱，已成了比较普遍的现象。现在很多孩子都是家里的宝贝，过着"衣来伸手，饭来张口"的生活。男孩们，你们应该听过这样一句古语："自古雄才多磨难，从来纨绔少伟男。"如果从小娇生惯养、吃不了苦，长大后你会失去独立生活的能力，变得娇气懒惰、霸道任性。男孩们，你难道希望长大之后还腻在父母身边？父母能陪伴你、照顾你一辈子吗？

生活中，这样的案例又有多少呢？

洋洋是一个从小备受娇惯的孩子。已经上四年级了，什么都不会做，一切都是妈妈包办。比如，早晚洗漱，都需要妈妈给他做好各项准备工作，帮他接水、挤牙膏，早上起床还要给他整理床铺，上学需要带哪些东西等更不用说，一切都是妈妈的事情，都需要妈妈替他安排好，因此，洋洋的生活自理能力非常差。

周一开学,妈妈送洋洋去上学,当时走得比较仓促,妈妈忘记了告诉洋洋中午在学校吃什么。下午,妈妈去接洋洋放学的时候,看到洋洋走路一点儿力气都没有,赶快迎上去问他怎么回事儿。洋洋声音很低地责怪妈妈说:"你送我上学时没告诉我中午应该吃什么,我就没吃午餐,现在饿得四肢无力。"洋洋的妈妈听完儿子的话,既心疼又难受,同时又恨自己。妈妈非常悔恨,没想到自己的宠爱竟然害了洋洋,离开了自己的嘱托,孩子连一顿饭都无法自己解决。

其实,男孩应该明白,在小的时候,父母可以陪伴在身边,有什么事情父母可以替男孩解决,但男孩的一生还有很长的路要走,父母不可能一直陪着走下去。如果男孩从小各方面的能力没有得到很好的锻炼,依赖父母的行为已经成为习惯,那么一旦父母不在身边,男孩各方面的生活就会陷入瘫痪。

男孩要记住,你不可能一辈子依赖父母,你如果不把控自己人生的主动权,一味依靠父母,指望他人,那么就算你再富有,也会有坐吃山空的那一天。同样,你如果在学习上放弃了主动权,不自强,不进取,一味依赖他人,那么即使一时得到了他人的帮助,将来遇到事情又该怎么办?

男孩们,摆脱依赖心理,让自己不断成长为自强不息的男子汉吧!

1.自己的事自己做

从某种角度讲,依赖反映了一个人的惰性,想克服惰性,我们就要学会努力把自己的事情做好,不要推给别人。比如,独立地解一道数学题,独立准备一段演讲词,独立地与别人打交道等。

2.早发现,早克服

发现了问题就要及时地解决问题,否则会越来越严重。男孩们,看看自己是不是有依赖心理，如果有，那么请你及时改正，因为独立是你生存于这个社会必须学会的一项能力。

心理悄悄话

男儿当自强，方能筑梦远方。对于每个男孩子来说，无论是成长还是成熟，都需要自立自强。我们不可能做一直依偎在父母身边的小鸟，总要自己去面对前方的风雨，所以，加油吧，少年！

未来的一切靠你今日的学习去争取

每天的学习真是太辛苦了，小志感到学习压力一天大似一天。更让他郁闷的是，他感到迷茫，不知道自己现在这么拼命地学习到底是为了什么。

小志将自己的苦恼说给航航听，航航若有所思地说："为了上大学呗。""可是上大学又是为了什么呢？"小志继续追问。"当然是为了不辜负爸爸妈妈和老师的期望啦！"航航脱口而出。"可是，我们读书就是为了爸爸妈妈和老师吗？"小志显然对航航的答案很不满意。"哎呀，小志你怎么了，管它呢，你只要好好学习就对了。"说完，航航和小志走出了教室。但是这个问题并没有在小志的脑海中消失——读书到底是为什么呢？

其实，努力学习最终是自己受益。学来的知识和技能都是为自己以后的前途打基础。可事实上，很少有学生会觉得学习是为自己而学，即便是某些学习非常拔尖的学生。学生们错误并且根深蒂固地认为，学习是为了别人，为了老师要在全年级争一个好名次而学习，为了家长在其他同事、朋友中有面子而学习，或者什么都不为，只是为了学习而学习。

林林的妈妈平日里工作非常辛苦，下班回家之后还要忙这忙那，可以说是非常疲惫，可是林林却不懂得帮助妈妈做点儿事情。有一次，看见林林做完作业后玩得不亦乐乎，妈妈就对林林说："你已经是大孩子了，有空来帮我干点儿家务。看着我一天忙到晚，也不知道关心一下。"林林很不服气地说："我怎么不关心你啦，你没看见我已经做了一小时的作业了吗？"妈妈只好说："那还有许多空余时间，总可以帮帮我的忙吧！"林林十分委屈地说："我帮了这么多忙，你还不满意呀？要知道，做一小时作业要花多少精力呀。"

显然，林林的学习动机完全是为了家人，为了妈妈，所以他认为自己做了一小时的作业就是对妈妈的最大回报，却不明白学习是为了自己。

男孩们，随着时间的流逝，我们会不断长大，总有一天会离开父母、离开学校，独自去面对社会。所以，我们应该早点儿明白，我们是在为自己而读书，而不是为父母、为他人；应该更加懂得自己即将面临的责任和风险，应该更加知道自己面对离自己越来越近的独立生活要怎样努力；应该更加清醒地认识到自己之后该何去何从。男孩们要明白，现在我们是在为自己的将来读书，是为自己的未来积蓄生存资本和谋生财富，我们的学习不是为了父母。男孩们如果明白这些道理，就会对自己的学习生涯产生积极的心态。

那么，男孩应该怎么做呢？

1.提高主动性

积极主动并且把学习当作一种乐趣，这样才能更好地学本领。有了主动性，就能自主地把学习当成是生活中不可或缺的一部分；有了兴趣，无形中就会大大提高自己的学习效率。有的同学基础不好，学习过程中总是有不懂的问题，又羞于向人请教，结果郁郁寡欢，心不在焉，还何谈提高学习效率。这时，唯一的方法是，向人请教，不懂的地方一定要弄清楚，一点一滴地积累，才能进步，才能逐步地提高效率。

2.学会感恩

男孩们，当前能够有这么好的学习环境和生活条件，我们是否有一颗感恩之心呢？没有父母，我们怎能如此安心地学习，为人生打基础？没有老师，我们怎能学到如此丰富的知识，不断充实自己？所以，我们要学会感恩，只有懂得感恩，懂得现在是为自己的将来而学，那么等到我们有所成就的那一天，我们才能够更有心、有能力地报答他们。

心理悄悄话

男孩们，看完这些，相信你们已经明白了很多道理。学习是为了你自己，不是为了父母，也不是为了老师。最后享受绝大部分学习成果的也还是你自己，你还有什么理由不好好学习呢？

第 04 章

青春梦想，人生有目标才有前进方向

梦想有多远，你就可以走多远，如果没有梦想，人生就没有前进的方向。因为有了梦想，我们才能拥有奋斗的目标，而这些目标将凝结成希望的萌芽，在汗水与泪水浇灌下，绽放出成功之花。男孩们，一步登天是不现实的，理想的阶梯需要逐级攀登，脚踏实地才能筑梦远方。我们要学会放宽自己的眼界，不要局限在自己的小圈子里，要学会在优胜劣汰的竞争中争取自己的一席之地。

耐心坚持，成功就会来临

罗马非一日建成；冰冻三尺，非一日之寒。我们追求效率原本没错，然而，一旦陷入盲目追求一步登天的旋涡之中，失败便早已注定。我们要及时地给自己的心灵洗个澡，去除那些急躁的因子，人生才会拥有更大的幸福。

男孩们，我们要时刻谨记，一步登天只是一个传说，理想的阶梯需要逐级攀登。

有一个成语大家都不陌生，那就是拔苗助长。庄稼的生长是有其客观规律的，人不能强行改变这些规律。但有个宋国人不懂得这个道理，急功近利，急于求成，一心只想让庄稼按自己的意愿长高，结果得不偿失，让自己所有的辛苦都付之东流。其实，万事万物都有其自身发展规律，我们做的所有事情也有客观的规矩或限制，做事必须循序渐进，而不能急于求成。正如一位哲人所说，"违背客观规律的速成就是在绕远道"，只有尊重事物发展规律并付出踏实的努力，才能获得最终的成功。

春秋时期，郑庄公准备伐许，开战之前，为了挑选出优秀的先行官，他先在自己的国都组织了一次比武大赛。部下众将领听后，均面露喜色，因为大家都很在意每次立功的机会，都跃跃欲试。

经过紧张的准备，比赛终于开始了。首先进行的是击剑格斗。众将领都使出了浑身解数，只见空中短剑飞舞，盾牌晃动，斗来冲去。经过轮番比试，已有6人胜出。接着进行的是箭术比赛。之前胜出的6名将领每人各射3箭，以射中靶心者为胜。6位胜出者中有一位叫公孙子都的将领，他武艺高强，年轻气盛，从来不把别人放在眼里，他上场后，3箭连中靶心。还有一位年纪稍大点儿的叫颍考叔，他上场之后，也是3箭连中靶心。这场比赛下来，其他将领均已落败，只有这两位打了个平手，留下来参加下个项目的比赛。

最后一项的比赛是让他们二人站在百步之外，同时去抢一部战车，谁先抢到手，谁就是这次伐许的先行官。这时，公孙子都轻蔑地看了颍考叔一眼，因为他心里明白：自己比颍考叔年轻许多，力气也大，这一轮肯定是自己赢。比赛正式开始了，刚跑到一半路程的时候，因为抢车心切，公孙子都加快了步伐，谁知刚加速，他的脚下一打滑，就栽了个大跟头。等他再次爬起来的时候，颍考叔早已抢车在手。

越是急于求成，越容易迷失自己。男孩们，相信你们应该看懂了，急于求成的人最终摆脱不了栽跟头的下场。公孙子都因为急功近利，所以没能顺利赢取先行官的头衔。男孩们，请记住：不管多优秀，都不要急躁，要稳步向前，这样才能锻炼成为一个从容不迫的男子汉。

1.培养耐心

男孩们，每个人都想成功，每个人都希望自己能够取得更大的进步，可是这不是一蹴而就的事情，需要我们一步步脚踏实地地去积蓄力量，这样才能到达理想的彼岸。相反，如果只是为了短期利益而急于求成，那反而会离目标越来越远。由此可见，做事情切不可急功好利，要从日常生活中培养耐心、信心，凡事都要用心、专心，才能够成才。

2.合理定位自己

男孩们，想一想自己有哪些优缺点，想一想是否对自己有一个明确的认识。如果自己都不了解自己，那谈何成就自我，超越自我？认识自己的同时，还要有务实开拓的精神，天上不会掉馅饼，只有付诸行动，才能品尝到成功的喜悦。

心理悄悄话

也许你现在还感觉自己的进步不是很明显，总是着急实现夺取第一的梦想。其实，你要明白，学习是一个不断努力的过程，不可能一下子就实现质的飞跃。所以，我们要想取得更大的进步，就应该一直保持坚持不懈、积极向上的精神面貌。

一步一个脚印走向梦想

我国著名思想家、文学家、政治家荀子在其《劝学》里曾有这样一句话："故不积跬步，无以至千里；不积小流，无以成江海。"这句话的意思是，千里之路，是靠一步一步走出来的，没有小步的积累，是不可能走完千里之途的。引申开来，就是做事要脚踏实地，一步一个脚印，不畏艰难，不怕曲折，坚韧不拔地干下去，才能达到最终目的。的确，在准备奔跑前，你一定要学会如何走路。男孩们，不论干什么，我们都要有脚踏实地的精神，不能半途而废，也不能好高骛远，凡事一步一个脚印，这样才能走得更远，收获更多。

一位男士从网上看到一家公司招聘中层管理人员的广告，于是决心去尝试一下。面试那天，他准时到达了公司，当时接待他的是公司的总经理。这位男士看到总经理比较严肃，他的内心便紧张起来，但是他尽力保持镇静，详尽地回答总经理的提问。

总经理问："先生，结合您几年来的工作经验，您谈一下对公司未来发展的一些看法？"

这位男士说："先生，当前的主要问题不是讨论公司未来的发展前景如何，我认为公司的发展应当是秩序化的管理。"

总经理问："此话怎讲？"

"因为我到您这里的时候，已经看到了公司的现状。"然后，这位男士开始认真阐述自己的观点。

总经理说："当前面试的已经有一百多人，其中有八十几位与你的看法是相似的。"

总经理所说的话，相信大家都明白是什么意思。

这位男士觉得有些失望，不过，他还是很有礼貌地起身告辞。

当他开门出去的时候，突然看到地上有一颗钉子，于是他随手把钉子捡了起来，然后开门往外走。

这时，总经理突然在后面喊道："先生，我能继续和您谈谈吗？"

这位男士很好奇地问："先生，我不是没有希望吗？"

总经理笑着说："先生，在参加面试的这一百多人里，只有你的答案是与众不同的。要知道，有多少面试的人都踢开了这颗钉子，唯有你看到了这颗钉子的存在，这证明你非常务实，是一个脚踏实地、认真对待工作的人，我决定录用你！"

这位男士入职之后，脚踏实地，做出了卓越的成绩，最终成为公司的总裁。

男孩们，知道如何成为脚踏实地的人吗？

1.从当下的事情做起

当下的事情做不好，怎么谈以后？男孩们，遇到一道难题都不想解决，就幻想成为全校第一，现实吗？所以，要想取得更大的进步，就必须把当前的每一件事做好。学习是一个不断积累的过程，只有不断地超越自我，才能收获更多的知识。

2.遇到困难不退缩

男孩们，困难面前要懂得多方位思考，用自己的实际行动去解决问题，而不是选择退缩。如果懂得思考总结、找方法，多次尝试，其实你就是在进步，就是在走向成功。

心理悄悄话

男孩们，想要有出息，就要做到脚踏实地。在任何情况下对于任何事情能够做到脚踏实地，就是非常了不起的。当前我们的主要任务就是学习，我们要从故事中学到的就是一种脚踏实地的精神，一步一个脚印，用文化知识充实自己，这样我们才能积少成多，实现大的飞跃。

学会与比你优秀的人交朋友

和勤奋的人在一起，你不会懒惰；和积极的人在一起，你不会消沉；与智者同行，你会不同凡响；与高人为伍，你能不断进取，直至登上巅峰。科学家研究认为："人是唯一能接受暗示的动物。"积极的暗示，会对人的情绪和生理状态产生良好的影响，激发人的内在潜能，发挥人的全部能力，使人进取，催人奋进。

男孩们，所谓近朱者赤，近墨者黑，在现实生活中，你和什么样的人在一起的确很重要，甚至能改变你的成才轨迹，决定你的人生成败。

下面的案例，相信在生活中的很多男孩经历过或者目睹过。

章昱明是很自我的男孩子。他思想偏激、做事冲动，根本不考虑别人的感受。从小学到高中，他几乎不和同学交流；上了大学以后，第三天就和室友闹矛盾，干脆搬出宿舍，自己到外面租房住，把自己和同学隔离开。毕业以后，他找了份工作，工作一般，待遇也一般。他负担不起房租，万般无奈，和同事合租一间房。一年之后，昱明回家探亲，做事稳妥、语气平缓，一举一动，竟然有了君子之风。他的表哥问他原因，他回答说："主要是我的同事给我的影响太大了。"

原来，与昱明同住的同事是个很不错的小伙子。他明事理、有主见，与人相处起来得心应手，昱明常常能从他身上找出自己的不足。初时感到很羞愧，时间长了，就从他身上学到了很多为人处世的方法，渐渐地，自己也跟着改变了。

看完这个故事，相信男孩们受到不少的启发。长时间接触那些品格高尚的人，无形中你就会受到他们的感化与熏陶，逐渐地把他人的长处转化为自己的长处，从而让自己变得更加优秀。在学习上，难道不是这个道理吗？如果选择与积极向上的同学在一起，那么你一定会受到启发，提升自己，如果整日跟那些喜欢打架闹事的同学在一起，那么相信没多久，你也会成为其中的一员。

王鑫大学毕业后，被分配到一家市级银行的分行工作。刚开始工作，王鑫十分努力，也适时地和分行行长交流业务问题，虚心求教。很快，头脑聪明的他获得了行长的赏识。

几年过去，王鑫荣升为这家分行的信贷科科长。慢慢地，王鑫和社会上的一些朋友熟悉起来，你来我往，经常一起喝酒吃饭。这期间，正巧分行行长年事渐高，到了要退下来的时候，他也有意让王鑫接替他的位置，于是让王鑫做了代理副行长，还经常带王鑫出席各类金融会议，结识了许多金融界的重要人物。老行长嘱咐王鑫，要多多学习、多多联络，做好各种铺垫。

但是年轻的王鑫没有把老行长的一番话听进去，心浮气躁的他，在一大堆社会朋友的吹捧中渐渐迷失了方向，每天忙着和社会上的朋友交际。慢慢地，大把的资金通过他的手借给了他的那些朋友。

最终，许多借款成为坏账。原本风光无限的前途就这样被他自己给葬送了。

王鑫的下场就是因为自己没有意识到环境能给人带来多大的影响。就像那句话所说的，"你是谁并不重要，重要的是你和谁在一起"。他人对自己的影响其实是很大的。有句西方谚语也这样说，"你认识的人决定你的未来"。意思就是，现在你见到的人是谁，你认识的人是谁，将会决定你的未来。

北宋著名诗人欧阳修，在文学和政治方面都有很高的成就。

他在颍州做官时，一个叫作吕公著的人在他手下当差。吕公著很仰慕欧阳修的才华和见识，经常向他请教一些文学方面的问题。

一次，欧阳修的朋友范仲淹来拜访欧阳修，欧阳修也邀请吕公著一起作陪。范仲淹对吕公著说："你能在欧阳修身边做事，真是太好了，你应该多向他请教一些写诗的技巧。"

吕公著听后，深以为是，此后也更加频繁地向欧阳修请教了。

后来，在欧阳修的言传身教下，吕公著的写作水平得到了很大的提高，成为当时有名的诗人和政客。

那么，看完这几个故事，男孩们有什么收获呢？

1.提高自我辨识能力

男孩们，你们正在不断地成长，所以要有自己的想法，能够合理、正确地辨别环境的好坏。我们可以多观察、多请教师长，看看周围人处理问题的后果如何，不断学习，这样才能提高自己的辨别能力。

2.自我提高，学习他人长处

男孩们，要记住：学无止境。我们的社会正在迈着巨大的步伐前进，人类也在不断向前，你如果还在原地踏步，那其实就是一种倒退。我们都应该树立"活到老、学到老"的观念，放下"架子"，丢掉"面子"，虚心地向他人请教。多向那些积极的同学学习，见贤思齐，见好经验就学，培养自己虚怀若谷的胸襟。有这样的态度，一定能不断提高，不断进步。

心理悄悄话

男孩们,虽然你们还小,但是有个道理是一定要懂的,那就是人生应该不断学习和进步。心理学家认为,一个人只有不断地和优秀的人接触,才能让自己受到熏陶,逐渐变得更优秀。

学会打开你的视野和格局

男孩们,眼光长远才能走得更远,相信大家都不愿意做井底之蛙,永远走不出自己的小世界。

阿凯和阿利同时在一家大型超市上班,他们刚去的时候都是从最基层做起。可是没多长时间,阿凯就升职了,从普通职员到领班再到部门经理。阿利却像被遗忘了一般,还在最底层工作。终于有一天,阿利忍无可忍,向总经理递出辞呈,并痛斥总经理狗眼看人,辛勤工作的人不提拔,反而提拔那些溜须拍马的人。

总经理一边听着,一边思考着这个家伙的优缺点。虽然吃苦耐劳,但是阿利总是给人感觉缺了点儿什么。突然,经理想到了一个点子。

"阿利先生,"总经理说,"您马上到市场上去,看看今天有什么卖的。"

阿利很快从市场上回来说,刚才市场上只有一个农民拉了车黄瓜在卖。

"一车黄瓜大约有多少袋,多少斤?"总经理问。

阿利又跑回去,回来后说有50袋。

"价格是多少?"阿利再次跑到市场上。

看着阿利累得上气不接下气，经理说："请休息一会儿吧，看看阿凯是怎么做的。"说完，叫来阿凯对他说："阿凯先生，您马上到市场上去，看看今天有什么卖的。"

阿凯很快从市场上回来了，汇报说到现在为止，只有一个农民在卖黄瓜，有50袋，价格适中，质量很好，他带回几个让总经理过目。这个农民一会儿还将上市几箱土豆，据他看价格还算公道，可以进一些货。像这种价格的土豆总经理大概会满意，所以他不仅带回来几个土豆作样品，而且把那个农民也带来了，现在正在外面等话呢。

总经理看了一眼红了脸的阿利，说："请他进来。"

男孩们，如果是你，你会怎么做呢？相信他们两个的做法已经给了你启示。如果一味地沉浸在当前，那么你永远也走不出你自己的小圈子。

1.明白当下与长远的关系

如果一个人的眼光只是着眼于当下，那么他和井底之蛙有什么区别呢？一个有思想的人是不会被眼下的好与坏束缚的，他们看到的是更为长远的未来。男孩们，不要畏惧艰苦的生活，也不要觉得学习是一件枯燥的事情，因为这都是在为你未来的美好生活打基础。

2.多读书，开阔视野

书籍的力量是我们无法估量的。读书，不仅可以增长智慧，而且对于人的一生也有着重要的意义。因此，要想开阔视野，读书是必不可少的。男孩们，不要局限于课本知识，要多去看一些课外书，看得多了，才能了解更多，心境才会更加开阔。

心理悄悄话

男孩们,想要开阔视野,当然离不开读书。相信大家心里明白,读书在人生中的分量到底有多重。读书是一种学习,读书是知识的积累,读书能提升自己的修养。你们正处于学习的最佳阶段,一定要做到博览群书,从书中了解古今中外,从书中探索未来的奥秘。

远离喜欢泼你冷水的人

对于自己喜欢做的事情,人们的内心总会有一种向上的态度,那是一种热忱。这时候,如果给予一定的赞美与鼓励,人就会变得更为热情,爆发出巨大的能量。但是如果有人对此泼冷水,说出一些嘲笑、讽刺的话,很多人就会失去信心,甚至觉得对方说的有理,从而丧失了那份激情。这是一种很正常的心理,相信很多人都经历过。对此,我们该如何应对呢?

都德是法国著名作家,其短篇小说《最后一课》中强烈的爱国主义精神至今深深打动着全世界的人们。

都德出生在法国南部的普罗旺斯镇,他小时候,家庭的境况就已经开始没落。都德的母亲对读书有着很大的兴趣,在都德记忆中,母亲每天都有大把的时间沉浸在书里,这无形中给了年幼的都德很大的影响,他如母亲一样也成了一个书迷。正巧父母有一位书商朋友,有此便利条件,都德很早就已博览群书。都德刚成年时,曾经当过小学教师,但因为体质不好,生性温和,所以经常被一些顽皮的学生捉弄。后来，他辞去教师一职，和哥哥一起来到了巴黎。没想到，巴黎是个很适合都德的城市，在那里，他显露出了非凡的文学才能，他写的一些关于普罗旺斯的神话以及民间传说，带有浓郁而清新的乡土气息和传奇色彩。

可是，生活中总有一些人喜欢泼冷水，都德的周围出现了一些质疑声、挖苦声、嘲笑声，说他写得乱七八糟，一点儿意思都没有。面对这些恶言恶语，都德却毫不在乎，一笑置之，继续写作。正是这样的坚持，使都德写出了大家熟悉的《最后一课》和他的成名作《磨坊信札》（又译为《磨坊文札》）等优秀的作品。都德虽然大部分时间生活清苦，但一生都勤恳写作，不太在意那些突如其来的批评和唾骂。

作为新时代的少年，我们也要学会自我调整，敢于对给自己泼冷水的人说一句"无所谓"。

1.反省自己

男孩们，我们不仅要远离那些喜欢给自己泼冷水的人，还要反省自己有没有这样的行为。喜欢给身边的人泼冷水不是个好习惯，我们要热情地对待生活。热忱就是一种热情，一种对人的热情、对事情的热情、对学习的热情，还有对生命的热情。人的热忱如果被浇熄了，真是很可惜的事。我们要学会鼓励他人，鼓励自己，这样才能取得更大的进步。

2.转移注意力

我们没必要对他人消极的话耿耿于怀，做好自己就好了。男孩们，如果遇到令人讨厌的人，我们要学会大度，置之不理，去做自己喜欢的事情，比如，读书、运动、参加娱乐活动等。

心理悄悄话

假如遇到一些喜欢泼冷水的人，那就远离他们，免得自己心烦。我们不需要讨好别人，也不需要委屈自己。与其把时间耗在无价值的闲聊上，不如读一些智慧之书，听听优美的音乐，享受精神大餐。世界不是围着一个人而旋转的，所以不能让每个人都对你关爱有加，赞不绝口。那些泼你冷水的人只是对你了解得不够深入，不必在意，只要自己的心是坚定的就够了。

第05章

充满力量，勇敢面对便会一往无前

"留得英雄豪气在，哪怕坎坷路不平？"勇气彰显着一个人的刚毅与坚韧，有勇气才能更有力量突破未知的难关。男孩们，有时候看似无法战胜的困难，其实就是一扇虚掩的门，没什么大不了的，只不过它考验着一个人的胆量到底如何。有勇气的男孩会主动为自己的过失买单，会有一种敢于挑战的野心。男孩们，不要怕，相信自己一定是一个心向阳光、所向披靡的勇士。

有所担当，男孩要学会承担责任

我们知道，一个有道德的人是会做到为自己行为负责的，如果事事逃避，那么这个人就得不到他人的尊重。每个人生活在这个世界上都被赋予着一定的使命，因此，我们对人、对事要秉持一种高度负责的态度。不要放过自己的过失，勇敢一点儿，懂得为自己的行为负责。男孩们，在学习、生活中，我们要怀有责任心，敢于承担重任，遇事不退缩，勇敢向前，做一个有担当、有信念的男子汉！

爸爸正在家里修理电视机，突然听到外面有孩子哭哭嚷嚷地进了院子，没想到是儿子丁丁。没有等到晚上放学，丁丁就哭着回到了家，送他回来的是学校里的一个伯伯。丁丁的爸爸问学校里的伯伯，这到底是怎么一回事儿？

伯伯就坐在院子里跟丁丁的爸爸讲述事情的经过。他说，放学前小朋友们排队，可丁丁根本就不好好站，总是窜来窜去的，结果不知怎么，和一个同学起了冲突。老师批评了丁丁几句，他就开始哇哇地哭个不停，还跟老师嚷嚷："我没错！我没有打他！"

听完事情的经过，爸爸向伯伯道了谢，然后拉着丁丁进了门。"怎么回事儿？"爸爸看着两眼哭得红红的丁丁问道。

"我不小心和强强撞了一下，结果强强就使劲儿地推我，我踢了他一脚，强强哭了，老师就批评我。"丁丁脸上挂着两行泪珠，补充说道："是他先推我的！"

丁丁一股脑地埋怨起强强和老师来。等他说完之后，爸爸让他先静下来，语气平和地问丁丁："难道你一点儿责任都没有吗？"

"没有！不是我的错！是强强先推我的！"

看来丁丁还是不肯承认自己的过失，爸爸随后就问："好，现在我问你，你如果好好按照老师的要求排队，不乱跑，能不小心撞到别人吗？你没有撞到强强，强强会推你吗？"这时候，听完爸爸的话，丁丁默不作声了。

爸爸感觉丁丁有意识到自己的错误，开始反思自己了，于是，爸爸就教育丁丁："现在你再仔细想想，你一点儿责任都没有吗？你是男子汉，记住，不要把什么责任都推到别人的身上！遇事仔细想一想，为什么别人会这样对你，你是不是做了什么不对的事情。"

爸爸最后对丁丁说了一句话："你得学会对自己的行为负责！知道你应该怎么做了吗？"

丁丁用力地点了点头，说了一句："爸爸，我知道错了，发生这件事也有我的一部分原因，我会跟老师和强强承认自己的错误，学会为自己的过错负责，并且跟他们道歉。"

听完丁丁的话，爸爸欣慰地笑了。

男孩们，不要以为现在还小，就把自己的过失看得无所谓。等到酿成大错，你会追悔莫及。

1.敢于从自身找原因

一个勇敢的男子汉，要正视自己的错误，那样才是真正的男子汉。不要总是把责任推来推去，埋怨别人，试想一下，自己真的没有一点儿错吗？男孩们，生活中难免有一些小摩擦，我们如果真的错了，那就勇于正视自己吧，责怪他人，伤害友谊，也会造成别人对自己不负责任行为的反感。

2.培养自身的责任感

男孩们，我们已经长大了，不要事事依赖父母，要有责任意识。平日里多帮家里做些家务，在学校努力学习，遇到事情不要退缩，多想想解决的办法，这样一点一滴培养自己的责任意识。

心理悄悄话

如今，孩子们总是受到很好的照顾，很多事情要由父母包办代替，于是就容易养成任性、自私、不合群等不良性格。其实，男孩们应该去做一些力所能及的事情，在这过程中，自然而然就会树立起责任意识，促使自己养成良好的习惯。

遇事要勇敢尝试，锻炼胆量

在学生时代，陈娇和张敏是同宿舍的好朋友，都喜欢打网球，但是由于性格差异，呈现出了不同的发展水平。陈娇的网球打得不好，而且总是害怕输，容易紧张，在球场上不敢与人对垒。有一次，她跟室友一起打着玩，后来球场上去了很多同学在周围观战，见状，陈娇当场就乱了阵脚，不知如何是好，最后打得乱七八糟，满脸通红，总以为周围的人在笑话她。因为一直不敢突破自己，只是偶尔人少的时候去玩几次，所以她的网球技术至今仍然很蹩脚。张敏的网球打得也很差，但是她从不觉得有什么丢人的，她觉得不会就要多多练习，这样才能取得进步。有时候，她招呼陈娇去打球，陈娇不去，她就自己去场地上跟其他班级的同学一起练习。她从不怕被人打下场，刚开始总是出现失误，打得很差，惹得周围一片笑声，但是她总是一笑而过，越输球越打，还经常和那些有经验的学长请教技巧，平日里也喜欢去观看他们的比赛。后来，经过自己的不断努力和学习，她终于成了令人羡慕的网球手，成了大学网球代表队队员。

我们在学习中何尝没遇到过这样的问题呢？很多同学面临喜欢的东西或者新鲜的事物不敢去尝试，没有勇气，总是表现得非常怯懦，最后什么也学不会。另外，有的同学在学习上遇到难题，总是害怕开口问老师或同学，因为他们怕出丑，怕被笑话，于是问题越积越多，最后直接跟不上他人的脚步了。男孩们，我们要记住，每个人并不是生下来就什么都懂，什么都会，而是在一次次的出丑与失败中锤炼自己，走向成功。所以，遇到事情，不要害怕，敢于尝试，出丑只是暂时的，学到的东西才是一生的财富。

有些人的确值得我们钦佩和赞美，因为他们不怕输也不服输，勇敢地面对自己的不足。哪怕在众人面前丢了脸面，他们仍然非常洒脱，并一笑置之。

还有一个故事讲述的也是这个道理。

曾经有一个敢作敢为的姑娘，她只会说一点点法语，却毅然飞往法国去进行一次商务旅行。虽然人们曾告诫她：法国人是很看不起不会讲法语的人的，但她坚持在展览馆、咖啡店、爱丽舍宫用英语与每个人交谈。当被问到不怕结结巴巴出丑吗？她非常坚定地说："一点儿也不。"

因为她发现，法国人对她使用的虚拟语气大为震惊，许多人为她的"生活之乐"所感染，热情地向她伸出手来，从她对生活的努力态度中得到极大鼓舞。他们为她喝彩，为所有有勇气做一切事情而不怕出丑的人欢呼，包括那些学习对他们来说并不容易的新学问的人。

男孩们，你此刻是否学到了些什么呢？生活中，有些男孩由于不愿成为初学者，就总是拒绝学习新东西。因为强烈的自尊心，他们害怕失败，害怕丢人，所以宁愿闭塞自己，限制自己的乐趣，禁锢自己的生活。这样真的没必要，放下自己的心理包袱，勇敢一次吧！

1.成功不怕多尝试

"不不不，我可做不到，别让我做这些""这个怎么可能实现呢，开玩笑吧？"不去尝试，为什么就给自己下了做不到的定义呢？这就是一种消极逃避的心理，它会严重阻碍我们前进的道路。我们都不是完美的人，总有自己做不到的事情，但是我们只要多去尝试，多去学习，就能够在挫折和失败中变得更加聪明、更加坚强！

2.增强学习能力

俗话说："技多不压身。"是的，我们还年轻，多学点儿东西还是非常有必要的，更何况大家还都提倡"活到老、学到老"呢！男孩们，我们不仅要学好科学文化知识，还要多学点儿才艺，这样才能成为一个全面发展的人。

心理悄悄话

由于害怕出丑，我们也许会为失去许多生活机会而感到后悔。我们也应该记住法国一句成语：一个从不出丑的人，并不是一个他自己想象的聪明人。大愚若智，积愚成智，生活的哲学就是这样。

做内心的主人，勇敢说"不"

男孩们是否遇到过这种情况：很多时候，他人请求自己去做一些违背自己原则的事情，自己却不懂得怎么拒绝，不敢说"不"，总是觉得不好意思，一次次勉强自己去做一些不喜欢的事情，最终感觉自己好像成了街角的垃圾桶。其实，很多人遇到过类似的事情，或因为自己的虚荣心，或碍于颜面，这时候，我们最需要的就是勇敢，勇敢地说一声"不"。

肖潇是个不懂得拒绝的孩子，在肖潇看来，开口对别人说"不"实在是太难为情了。于是，每次同学有麻烦都喜欢找他："嘿，肖潇，把数学作业借我抄抄！"

"我……"

"哎呀，快点儿，老师要来了！"

其实，肖潇想说的是你还是自己做吧，我不借你。可同学一催促，肖潇还是把作业借出去了。这天回到家，爸爸了解情况后给肖潇讲了自己年轻时候的一件事情："当时，我刚参加工作不久，我的伯父来看我，我陪着伯父在这个小城转了转,很快就到了吃饭的时间。当时,我身上只有65块钱,本来想找个小餐馆随便吃一点儿,可没想到伯父偏偏进了一家很高档的餐厅。爸爸没办法,只得硬着头皮随他走了进去。我们坐下之后开始点菜。当伯父征询我的意见时,我只是含混地说:'随便,随便。'其实,我心里七上八下的,只怕带的钱不够。可是伯父似乎没有注意到我的不安,他不停地夸赞着可口的饭菜。结账的时刻终于来了,侍者拿来了账单,径直向我走来。我看到账单之后,很窘迫地低下了头。伯父笑着接过账单,把钱递给了侍者,然后对我说:'我一直在等你说不,可你为什么不说呢?要知道,有些时候一定要勇敢地把这个字说出来,这是最好的选择,我来这里,就是想让你知道这个道理。'"

经过爸爸耐心的讲解和分析,肖潇终于想明白了事情的严重性。爸爸教育肖潇的这一课对所有的孩子都很重要:在该说"不"的时候要勇敢地把"不"说出来,否则就将陷入被动的境地。

面对他人的要求,自己不愿意去做可是又拉不下面子来,这可真是让人难为情。纵然自己一千个不愿意,可还是答应人家,那就只好打掉牙往肚子里咽了。很多人事后往往后悔:"不答应就好了,也不会搞得这么累!还费力不讨好!""当初实在应该拒绝的,可就是说不出口!"如果不会拒绝,只一味地接受,就会给他人留下"好说话"的印象,你就被人生擒活捉了。今天你接受了对方无理的要求,来日你便拒绝不了其他的要求。

其实,我们应该明白一个道理,拒绝不代表着你人品有问题,也并不是你待人冷漠无情。如果为了你的不敢面对,总是难为自己,做一些不喜欢的事情,那么你的内心会非常压抑。

1.坦白你的真实情况

谁都有难为情的时候，每个人都会有不得已的苦衷，如果你好好坦诚地跟对方讲明白，相信对方会理解你的。坦诚相待而伤害交情的情况并不多，有的人说话含含糊糊，模棱两可，反而容易引起别人的误会，造成彼此关系的破裂。

2.不要拖延，让他人误会

为了不伤害别人，我们最好及早地告知别人你的态度。否则，你一直给他人希望，不明确表态，对他人伤害更大。要据实向对方表明你的态度，好让对方有所准备，去另作安排。

心理悄悄话

拒绝是一门艺术，我们不仅要懂得坚守自己的原则，不要勉强去做不喜欢的事情，还要懂得怎么去拒绝，说出的话不会伤到他人。男孩能做到这一点，就代表着不断走向成熟了。

不做"胆小鬼"，人生就要果断出击

男孩们，你是否有以下这些情况：

上课时，老师提问，我不举手，不懂的问题不向老师求教，因为我害怕；

晚上不敢自己在家，总是胡思乱想，因为我害怕；

不敢一个人处理问题，事事都想着依赖爸爸妈妈，因为我害怕；

受到冤枉的时候不敢出声，被人欺负的时候不敢反抗。因为我害怕；

……

不知道类似的事情说中了多少人的心。胆小，让你失去了生活中太多的美好。男孩们，要记住，自己要努力做一名勇士，而不是一个胆小鬼。

赵小军家境比较好，又是家里的独子，所以备受宠爱，可是有一点，他的胆子非常小，生性有点儿怯懦，再加上爷爷对他事事包办，所以他从没吃过苦。上初中、高中的时候，他就感觉到自己的不足，可是仍没有决心改变自己的性格。一直到赵小军上了大学，他发现宿舍里的哥们儿都是"勇士"，好像就他一个人是"胆小鬼"。张扬独自一个人从遥远的北方来到南方读书；李强在爸妈的强迫之下选择了自己不喜欢的法学专业，上了大学后，他自己开始攻读另外一门专业；萧寒更牛，因为家里的条件不是很好，他就自己打工赚钱交学费。有时候，赵小军觉得自己除了埋头学习什么都不会，简直一无是处。于是，他决定改变自己胆小的性格，让自己换一种活法。

时间过得很快，到了毕业季，家里托关系给赵小军找了一份比较舒适的工作。其实，经过四年的大学生活，小军已经不再那么胆小了，他拒绝了父母的好意，决心靠自己打拼出一片属于自己的天空。他和宿舍里的两个好哥们儿打算一起创业，在市里开了一个小超市，半年下来，赵小军的小超市已经经营得像模像样，还发展了多家连锁店，他也摇身一变做老板了。

有一年同学聚会，朋友相聚大都聊聊各自发展得如何，是否婚嫁之类的话题。当大家得知当年那个什么事情都不敢尝试的胆小鬼竟然自己做了老板，都感到非常吃惊。本以为他毕业之后会听从父母的安排做个白领，没想到竟然有魄力自己单干做了老板。大家都非常敬佩他，一起聊着这些年发生的点点滴滴，玩到很晚才纷纷散去。

男孩们，赵小军如果没有走出自己一直胆小的阴影，恐怕现在也不会拥有让很多人羡慕的成功事业。任何一个人都想过自己想要的生活，任何人都不想由于自己的胆小让自己后悔莫及。那么，如何驱走让我们懊恼的这只"胆小鬼"呢？

①自信是成功的基础，克服胆小怯懦，首先要自信。

②多交朋友，学会与人交往，散发自己的活力。

③锻炼自己的胆量，尝试新鲜的事物。

④多在公共场合练习发言，表现自己。

心理悄悄话

不要因为胆怯让机会白白溜走，我们只能落个"无可奈何花落去"的悲伤心境。要时刻给自己打气，时刻对自己说：我能行，我是最棒的！相信自己的实力，展现自己的优势，挖掘自己的潜力，认准目标，怀着必胜的决心，积极进取。

用勇气为行动开路

生活中，有些人很会规划自己未来的蓝图，想象着自己的未来多么美好，想象着事情会多么的美妙，可是他们只是在想，从未付诸行动，最终只是一场梦而已。男孩们，做事情单靠勇气是不够的，还要去付诸实践，这样才能把问题解决掉。越是困难的事情，越需要无所畏惧地去面对、去尝试、去解决。人生中的每一个困难都是对勇气的考验，甚至是不可错过的成功机遇。如果缺少尝试的勇气，就没有任何成功的机会；如果大胆尝试，即使没有成功，也可以为以后的成功积累一些经验。所以，勇气和行动缺一不可，是我们做事情必须握在手里的两把利剑。

一转眼到了大三，陈小海就要去找单位实习了，可是想一下，自己没有任何社会经验，陈小海心里有点儿发愁。后来，一个偶然的机会，他看到一个自己非常喜欢的工作岗位。那是一家规模不小的公司，要招几名计算机编程人员，待遇还不错，这非常符合陈小海的要求。如果可以留在这个公司，未来一定会有很好的发展，想到这儿，陈小海就高兴不已。

到了面试当天，陈小海精心打扮了一番，高兴地到那家公司去面试。一进公司大门，他就被里面人挤人的场面吓了一跳。他立刻想到自己大学还没有毕业，也没有社会经验，一定没什么竞争力，于是他的心里开始打退堂鼓。后来想了想，本来自己就是一个在校大学生，既然有勇气来参加面试，为什么要临阵脱逃呢？就算自己留不下，那以后还是要参加面试的，迟早要面对，还不如来锻炼锻炼自己，积累点儿经验也是很好的。定了定神之后，他在一个角落里坐下来等待面试，鼓励自己，无论如何都要发挥出自己最出色的一面，要有勇气面对，也要用行动来证明自己。

看着来面试的人一个个胸有成竹而进，灰心丧气而出，陈小海想：这家公司这么多人应聘，果然是业界的大公司，要从这么多人里脱颖而出真不是件简单的事情。如果可以得到这个机会，让他拿一半的工资他都愿意。可是怎样才能胜过他人呢？

想了一会儿，陈小海写了一个纸条，凭借着初生牛犊不怕虎的勇气，他将纸条交给了工作人员，并笑着说："不好意思，您能不能帮我把这个纸条交给人事主管呢？这是很重要的信息，麻烦您了。"工作人员看到周围人们紧张的样子，而陈小海则灿烂地笑着，对小海留下了深刻的印象。负责招聘的人打开纸条，看完之后笑了，然后将纸条交给了人事主管，人事主管看完之后也笑了，原来纸条上写着："您好，我是排在第56位的男生，虽然还没有大学毕业，但是我有接受公司安排的勇气，希望您能将位置留给我，谢谢。"

没想到，公司真的聘用了他，陈小海成为这个公司的一个见习编程人员，而让他胜出的正是他的勇气和敢于行动的决心。

机会是留给有准备的人的，也是留给有勇有谋的人的，在机遇面前，如果不学会主动出击，那么我们将会与其失之交臂。想要达成自己的愿望，就要有为了愿望而付出努力的勇气。

男孩们，相信你们此时应该懂得了，我们要做一个有勇有谋的人，要做一个用行动来证明自己的人，只有这样，我们才能做到思想与行动的统一，收获更大的成功。

1.理想，让你的脚步更为踏实

每个人都要有自己的理想，这样你前行的路上才会更有动力。理想不分大小，关键看你是否有努力的决心。每个人都有自己的理想，但是能否付诸行动呢？男孩们，试想一下，你如果什么都不付出，那怎么能实现你的梦想呢？所以，作为一个有担当的男子汉，我们面对困难时，要无所畏惧，敢于挑战，为心中的那份理想去努力奋斗。

2.多读书，有勇有谋

书籍的力量超乎我们的想象。书读得多了，就会产生一种量变到质变的现象，书读得多了，才能有比较，才能升华。读书的作用很多，可以开阔视野，可以丰富知识，可以提升修养，可以培养气质，还可以使人进步……男孩们，我们不仅要学习课本知识，还要多去读一些名著经典，这样才会变成一个有勇气、有思想的人。

3.战胜自己就是勇气

人最大的敌人就是自己，这句话还是很有道理的。我们要能够超越自己，战胜自己。在学习中，不仅要学会竞争，还要学会合作，平时多和同学交流探讨，不明白的问题积极请教。勇气给了我们力量，自己的不断进步就是挑战成功的表现。

心理悄悄话

男孩们，勇气是我们学习道路上乃至人生道路上不可或缺的精神力量。在困难面前，挑战是一种勇气，坚持是一种勇气，微笑更是一种勇气。面对可能使自己沮丧的人或环境，采取积极的态度，那么问题就已经解决了一半。只要付出更大的努力，胜利迟早会来临。

打败"困难"这只纸老虎

困难都会过去，过不去的只是你内心的恐惧。

男孩们，在生活中，我们可以看到这样的现象：面对困难，有的人被彻底击垮，一蹶不振，而有的人却能汲取教训，重新来过。的确，对于一个勇气可嘉的人来说，困难只是暂时的磨炼，是对自己最好的证明。人的一生之中，难免会遇到或多或少的阻力和困难。有些人稍微遇到点儿困难和麻烦，就不断地抱怨，感到沮丧，摇头说："我不行，我解决不了。"对他们而言，只要是困难的事情就是办不到的。他们习惯高估困难，从而给自己的无能盖上一块遮羞布，为自己的懒惰搭上一张温床。而那些把困难垒高的人，无一例外地都把自己划分到了失败者的行列中。男孩们，其实很多时候，人们总是夸大困难的程度，本来可以突破的事情，人们总是在内心假想出脱离实际的恐惧。世上无难事，只怕有心人，困难只是一只纸老虎，你怕它，它就会凶猛，你不怕它，仅一指就可捅破。

如果总是面临打击与失败，你会怎么做？是坚持还是放弃呢？或许从林肯身上你能学到很多很多。

1832年，林肯失业了，此刻的他可以说是生活非常困难，随后他打算走从政的道路，可是在竞选的过程中失败了。短短一年的时间，面临的是双重打击，或许对于谁来说都是难以接受的。没过多久，他开始自己创业，创办一家自己的公司，可是，他的创业之路不到一年就以失败而告终。接下来的一二十年里，他还是不断地在经历着失败，经济困难的他到处奔波，可以说体味了各种人间苦楚。此间，他再一次决定竞选州议员，这次他终于成功了。他认为自己的生活可能有了转机，可就在离结婚还差几个月的时候，未婚妻不幸去世。他心力交瘁，卧床不起，患上了严重的神经衰弱症。1838年，他觉得身体稍稍好转时，又决定竞选州议会长，可他失败了；1843年，他又参加竞选美国国会议员，但这次仍然没有成功……

开公司，公司倒闭；参加竞选，一次次失败；准备结婚，未婚妻去世……似乎一切总是要跟林肯过不去。所谓天将降大任于斯人也，1846年，他终于成功了。在之后的日子里，他仍在失败中奋起，一次又一次地努力，最后，1860年，他当选为美国总统。

林肯一直没有放弃自己的追求，一直在做自己生活的主宰，他用不败的精神迎来了成功。他以自己的经历告诉我们：成功不是运气和才能的问题，关键在于适当的准备和不屈不挠的决心。面对困难，不要退却，不要逃避。林肯压根就没有想过要放弃努力，他不愿放弃，也从不言败。

男孩们，林肯面临如此多的波折都能一路走过来，取得人生的新辉煌，我们那一点儿磕磕碰碰与之相比又算得了什么呢？只是一些看着令人害怕的纸老虎罢了，轻轻一戳就可捅破。看似无法战胜的困难，有时就是一扇虚掩的门，只要我们有勇气、有毅力，就没有过不去的火焰山。

1.要有勇有谋

勇气是需要不断锻炼的，多去尝试一些自己不敢做的事情（这里不包括那些危害身心健康的事），敢于突破自己。智慧非一日可得，需要男孩日积月累，多学习身边有经验的人处理问题的方法，多看书以增长自己的知识量。

2.坚持才能胜利

半途而废的人是做不成什么大事的，有理想就要付诸行动，不断坚持才能取得成功。如果遇到一点点的困难就放弃，那么到最后将会一无所获。

心理悄悄话

在生活中，每个人都会遇到各种各样的难关。此时，我们只有两种选择：要么逃避，要么咬紧牙关挺过去。显然，任何人都应该作第二种选择。因为只有挺过去，才能为自己赢得机会——重生的机会！

第 06 章

接纳自己，相信你就是最优秀的

不相信自己，终究会埋没自己，因为自信是成功的基石。成功往往偏爱那些拒绝接受"不可能"并相信自己能力的人。假如自己都不相信自己，那么我们还指望谁来相信自己呢？男孩们，世界上的男孩有很多，但是你自己却是独一无二的，纵使不是完美的，但是你却是与众不同的。要善于挖掘自己的"宝藏"，相信你一定能创造更多的惊喜。男孩们，请正视自己，相信自己，让自己发光发热吧！

信心给予你无限希望

六年来,凯文一直在经营自己的家具生意,自己做点儿小买卖,生活过得还算充实,经济水平也算一般。可是有一点不太满意的就是,他的太太感觉手头并不是很充裕,因为很多时候舍不得买昂贵的衣服或东西,而且她还盼望着能搬进一所大点儿的房子。在这一点上,凯文觉得有点儿对不住自己的太太,希望哪天能满足她的要求。

可是没想到的是,六年过去了,凯文果真住进了自己的新家——一所太太喜欢的大房子,而且他的太太再也不用为买东西时资金短缺而发愁了。此外,凯文一年中经常出去度假游玩,生活可谓是丰富多彩。看着眼前美好的生活,凯文不禁感叹道:"我们能够拥有现在的一切,多亏了六年前我利用了信心的力量!"这到底是怎么回事儿呢?

事情是这样的,早在六年前,凯文听一个朋友说在他们那边有份农具经营的工作,凯文想着要赚大钱不能总是这样不敢放手去尝试,于是他决定去一趟。当凯文到达那里的时候是星期天,而他与那位农具老板约定洽谈的时间是星期一。晚上,凯文住进了一家旅馆,在那里静静地思考,他将这些年自己认识的、远远超过自己的朋友写在了一张信笺上,默默地想:他们并不比自己聪明,也没有自己的学历高,在为人处世方面也不如自己,可是为什么那些人成功了，而自己却过得如此颓丧呢？最后，凯文终于想到了成功的另外一个因素——自信，这也是他认为自己比不上那些人的地方。凯文反思了很久，从小到大，他都对自己不自信。这一点不仅影响了他的学业与工作，还让他的人生与成功无缘。想到这里，凯文长长地叹了一口气，决定彻底地改变自己，让自己变得更加自信。

周一早上，他充满斗志地肯定了自己的想法，希望用这次机会来锻炼自己的自信心。经过一晚上的分析，凯文改变了自己的预期工资，决定提升到比原先高出两倍的工资水平。谁也没有想到，这次洽谈居然异常成功。自此，凯文终于明白了自信的强大力量，一个有着自信心的人，他所所能达到的是自己万万想不到的高度。所以，有信心，才会有希望。

男孩们，一个消极悲观的你和一个信心饱满的你，你决定做哪一个呢？相信大家都会选择后者，因为信心会给我们带来无限的潜力和能量。

1.你的未来靠你来改变

有没有信心把自己的人生活得更出色？每个人无法决定自己的出身，可是每个人的命运都掌握在自己手中，想要获得成功，就要有勇气去为了自己的未来争取。

2.你是否看到了自己身上的财富

不要羡慕别人，也不要嫉妒别人，因为你自己身上也有很多令人羡慕的财富。有一句话说得很好："一个人因为少了一双鞋子而闷闷不乐，那是因为他没有看见那些少了两条腿的人。"所以，发现你自己的财富，就能拥有更大的信心。

心理悄悄话

无论是顺境还是逆境,无论是昨天还是今天,我们都离不开信心的支持。沉住气,在信心中坚持、进取,只要能历经考验,坚持到底,终有一天,你能走出困境,为自己赢来柳暗花明的局面。

告别自卑,让自信照亮人生

很多人总是喜欢多想,因为自己某一方面有缺陷或者某一方面不如他人就感觉非常丢人,觉得每个人都在笑他,于是自卑的心理越来越严重,不愿与人打交道,也不想在公共场合出现,最后把自己变成了一个沉闷的、孤独的人。其实,男孩们应该明白,我们并不是他人,所以没理由将自己的想法强加到别人身上,这只是自己在折磨自己而已。而且,事情没有你想的那么糟糕,尽快走出自卑,才能看到生活中更多的阳光和欢乐。

曾经有一个叫浩浩的小男孩,他学习成绩很不错,但性格很孤僻,总是把自己封闭在教室的一角而不肯融入班级。下课时,他又总是最后一个离开教室。后来大家才知道,他的腿因为得了小儿麻痹症而落下了残疾,因此,他有一种自卑感,不愿意让人看到他走路的姿势,他也一直不与同学交往。

有一次,班级举办小故事演讲活动,同学们要轮流到讲台上进行演讲。看着同学一个个在讲台上表现得那么出色,浩浩低着头,心里有着说不出的难过。终于轮到自己了,这时候,全班四十多双眼睛一齐投向那个角落,浩浩还是没敢抬头。犹豫了好一会儿后，浩浩才慢吞吞地站了起来。大家注意到，浩浩的眼睛红了。在全班同学的注视下，他终于一摇一摆地走上讲台。就在他站上讲台面对大家的时候，有一位同学为他鼓掌，紧接着全班响起了热烈的掌声，掌声传达着全班人的鼓励、尊重、友爱。那一刻，大家看到浩浩的眼里含着感动的泪水。

掌声过后，浩浩冷静地面对大家，开始进行自己的演讲。他生动地为大家讲述着自己的童年故事，此刻的他摆脱了自卑，也没有了胆怯，声音中含着一种坚定和信心。他的故事十分感人，同学们也认识到了这个平日里孤单的小男孩的另外一面。当他结束演讲的时候，班里又响起一阵掌声。浩浩很礼貌地向老师深鞠一躬，又向同学们深鞠一躬，然后，在掌声里一摇一摆地走下了讲台。

出乎预料的是，那次演讲以后，浩浩就像变了一个人似的。他不再那么忧郁了，而是主动和同学们一块儿游戏、说笑，甚至还走进了学校的小舞厅，让同学们教他跳舞。他的学习成绩一直很好，尤其是数学和物理。高二那一年，他代表学校参加了全国奥林匹克物理竞赛，还得了奖。

转眼间，浩浩美好的高中生涯就要画上句号了，因为他被北京的一所大学破格录取了。后来，他来信给学校说："我永远不会忘记那一次掌声，因为它使我明白，同学们并没有歧视我，我应该鼓起勇气微笑着面对生活。那次掌声给了我第二次生命……"

男孩们，自卑的泥坑终将让你越陷越深，只有你自己才能解救自己。自卑是你为自己设置的障碍，战胜自卑就靠你不断地磨炼心态，超越自我。不要把自卑看成是无法治愈的绝症，也不要对这种心理听之任之，合理地调节自己的心态，会让你早日走出自卑的陷阱。心理学家认为，自卑的人不仅要正确认识自己各方面的特长，而且要正确看待自己的自卑心理。

1.言语中少一点儿丧气话

过于消极的话会打击人的积极性，可以说是一种消极的心理暗示，说得过多，无形中会加剧人们的心理负担，导致悲观心理的产生。因此，即使在生活、学习不顺利的时候，也尽量不要让消极话语脱口而出，对自己进行否定，甚至进行全面否定。如"我觉得我不可能完成""我就是一个没大出息的普通人""不管怎么样，我肯定是做不好的""看来不管怎么努力，我也没什么资格与他们较量""我就这点儿本事了，失败就失败吧"等，这些话都是一些全面否定自己的话，一旦开口，极有可能使得本来可以做好的事也做不好了。

2.客观看待事物

事情都有两面性，这一点大家都应该明白。但是不同心理的人看到的却极不相同。自卑的人总是过多地看重对自己不利和消极的一面，而看不到有利、积极的一面，缺乏客观全面地分析事物的能力和信心。所以，在你总是想到消极一面的时候，你应该静心思考一下，这件事好的方面在哪里，找到积极的因素，这对你的情绪调节有很大的帮助。

心理悄悄话

男孩们，自己看得起自己，他人才会看得起你，否则，自己都不自信，还能指望谁高看你呢？能不能从良好的人际关系中得到激励，关键在于自己。因此，男孩要有意识地在与周围人的交往中学习别人的长处，发挥自己的优势，多在群体活动中培养自己的能力，这样可预防因孤陋寡闻而产生的畏缩躲避的自卑感。

积极做行动派，不做观望者

"相信自己，我能做得更好。"这是一种信心与自我激励，但是你还要懂得去努力付出。所以，有了信心，我们就要付诸行动，这样才能实现自己的目标。

生活中，总能听到这些令人反感的话，"某某某长得越来越丑了""这孩子怕生，说话像蚊子似的""那个孩子怎么那么磨叽，做点儿事情半天也弄不完，真是急死人了""这孩子整天都无精打采，一点儿也不活泼"……总之，对于孩子的错误暗示几乎随处可见。很多孩子因为心理敏感而变得非常难过，觉得自己非常差劲，从而也和别人一样看不起自己，使自己变得越来越消极。其实，男孩们如果遇到这种情况，让这些恶语随风而逝就好，没必要太在乎他人的看法，与其与他们生气，还不如通过努力让自己变得更加优秀，这才是最重要的。

小振今年上初一了，新的环境不仅没给他带来多少快乐，还让他感到非常烦闷，因为班里同学总是笑话他是小胖子。小振从小爱吃零食，也不爱运动，或许还有一定的遗传因素，他像爸爸一样有些偏胖。妈妈一直鼓励他多多锻炼，可是他总是坚持不下来。面对儿子的烦忧，妈妈也一直在给他寻找办法。

一个星期天，小振的小叔和小婶婶来家里玩，小叔是小振崇拜的偶像。小叔长得英勇帅气，这些年一直在上海做生意，可以说是一个成功男士，小振也盼着有一天能成为小叔这样的人。这一天，家里准备了好多好吃的，小叔到来的时候简直把小振乐坏了，时时刻刻黏着小叔询问外面的世界。当谈起自己的学习时，小振把自己的情况一一告诉了小叔，并坦言自己的悲观思想。这时，小叔就耐心地给小振讲他年轻时候的故事，小叔说："叔叔小时候跟你一样，也是胖胖的，受到同学的嘲笑。后来，叔叔明白了一个道理，你如果什么都不做，就会永远被人笑话，永远都无法自信地面对生活。所以，只要有时间，叔叔就去锻炼身体，多参加体育活动，注意饮食健康，慢慢地，叔叔也成了帅气阳光的小伙子。从此之后，叔叔变得更加有自信，因为你不努力、不行动，你永远不知道自己能做得有多好，永远无法看到最优秀的自己。"

听完叔叔的一番话，小振大彻大悟。他终于明白了，一个自信的人必须是一个行动派，不懂得努力改变自己，只会让自己越来越悲观。为此，小振决定以叔叔为榜样，面对现实，改变自己。

男孩们，相信自己的能力，坚持付出，你就会成为超乎自己想象的自己。

1.一步一个脚印

男孩们，世上无难事，只怕有心人，只要你肯一步一步踏实地努力，就没有过不去的坎儿，没有办不成的事。蜗牛不相信自己的缓慢，一步一个脚印地向自己地目标爬行，终于到达了自己的目的地；蚕蛹不相信坚硬的外壳，每天努力一点儿，终于获得了破茧重生的光明……在生活中，也许你没有一个好的起点，但只要一步一个脚印，每天努力一点儿，你终会获得成功。

2.做一个勇敢的男子汉

男孩们，我们已经不是父母怀里的小宝宝，我们已经成长为一个男子汉，所以我们要勇敢。遇到问题，不要总想着我不敢、我害怕，而要敢于挑战自己，相信自己可以做到，这样才会有前进的可能。勇敢一点儿，迈出自己的脚步，突破一个个不可能吧。

🦻 **心理悄悄话**

路在脚下，只有一步步地前行，你才能离目标越来越近，才能看到前方的希望。男孩们，我们不要夸大问题的难度，缩小自己的能力，这样你将什么都做不到。

做自信有魅力的男孩

一个拥有自信的人，会时刻散发着耀眼的光芒。信心是前进的动力，是成功的基石。很多时候，面对人生困境，打垮自己的，不是别人，而是你自己。你所经历的挫折与失败都是成功之前在所难免的挑战，没有一世的平坦，只有顽强坚守的意志与信心。相信自己，你能行，不要怕，你的信心会让你一路披荆斩棘，不断突破。

时间过得很快，肖志军马上就要参加中考了。班主任老师问他："你认为自己能考上重点高中吗？"此时，肖志军摇了摇头，老师又问他："为什么呢？你怎么知道自己考不上呢？"他给老师的回答是："我没有这个能力，因为每次考试我都考不了前10名。"

听到肖志军说的这番话，班主任老师笑了。他摇了摇头对肖志军说："你真这么想吗？你听过跳蚤的故事吗？跳蚤本来可以跳3尺高，可是它却跳不出3寸高的杯子，你知道这是为什么吗？"肖志军感到很困惑，不知道什么原因。这时，老师告诉他："有科学家曾经做过一个有趣的实验，他们把一只跳蚤放在一只杯子里，然后在杯口放了一块玻璃。这时，跳蚤使劲一跳，结果头重重地撞到了坚硬的玻璃。跳蚤不甘心失败，又跳了一次，结果还是没有成功。在经过了无数次的碰壁之后，科学家把玻璃拿开，可是这只跳蚤还是跳不出杯子。这是为什么呢？"肖志军想了想，告诉老师："这只跳蚤由于受了很多次挫折，它已经认定了自己无论如何也无法跳出这个杯子。"

看到肖志军认识到这一点，老师感到非常高兴。班主任老师说道："我希望你不要像那只跳蚤一样，受到了一些挫折和失败，就对自己失去了信心。"听完老师的教诲，肖志军感到受益良多，要有自信，才有可能突破自己，取得更大的成绩。

男孩们，很多时候，我们并不是因为要完成的任务比较艰难才使自己失去了自信，而是因为我们自身缺乏自信，才让我们失去了把事情做成功的机会。所以男孩要满怀信心地对自己说一句："我能行，我是最棒的。"这样你才会发现接下来的你有着无法想象的优秀表现。

1.众人面前敢于表现自己

很多男孩很怯场，在公众面前不敢说话，上课也不敢举手发表自己的看法，这是一种不自信的表现。男孩们，我们要学会锻炼自己，这是培养自信的重要途径。其实，学习中我们有很多机会可以锻炼自己，比如，上课积极回答问题，积极参加演讲比赛或文娱活动等。面对机会，要主动争取，上台锻炼自己，时间久了，就不会害怕当众讲话，那么你的自信就会慢慢地培养起来。

2.要保持好的心态

心态好，才不会自暴自弃；心态好，才能更永久地坚守自己的目标。男孩们，我们要保持良好的心态，这样才会做得更加出色。比如，期末考试考得好，我们就要再接再厉；如果失败了，就要乐观向上，不畏惧，争取下一次的成功。

心理悄悄话

生活中，走不出自卑的人真的太多了，他们或者没有信心，或者信心不足，或者过度妄自菲薄。自卑就像一种"病"，束缚着我们的精神意志，让我们的心间弥漫着一层阴云。克服自卑最好的方法就是不断努力，提高自身的能力，所以，只有给自己的信心充电才能有所做为。

优点是你独一无二的闪光点

"天生我材必有用"，每个人来到这个世上都是独一无二的，都有着各自的优点，所以不论经历什么，都不要自暴自弃，要相信自己。世界上没有两片完全相同的树叶，人也一样，每个人都有发光发热的可能。正确认识自己，既看到自己的长处，也认识到自己的不足，为自己正确定位，这样才能充满自信地去迎接机遇和挑战，为自己创造更多的成功和快乐。男孩们，不管有什么不足，你都要活得阳光且洒脱，让自己每天都充满着无限的正能量。

生活中，我们总是忽视一部分人，觉得他们一无是处。或许他们让人觉得调皮烦人，或许他们让人觉得迂腐，或许他们让人觉得笨拙……可是，那是因为人们没看到他们闪光的一面，每个人都有自己的优缺点，不要片面地去看待一个人。

有这样一个故事，相信男孩看完之后会备受启发。

有一位英国少年，在人们印象中是一个比较呆傻的孩子，而且行为处事特别木讷、迟钝，同学们总是喜欢拿他开玩笑。上课的时候，他也是一刻也不消停，总是把课堂搞得乱哄哄的，因此，他的老师们也非常反感他。他的行为举止异于常人，没有人觉得他有什么优点，也没有人看好他，更令人遗憾的是，他的父亲也觉得他有问题，不喜欢他甚至也不愿意理他。

随着年龄的增长，这个少年长大了。步入社会后，这位少年因为天生的笨拙而无人接纳，极度自卑的他四处碰壁，心情苦闷，每日每夜在屋中自酌。

尽管很多人不喜欢他，觉得他一无是处，可是最爱他的妈妈从不愿意放弃他。她将儿子带到花园漫步，指着各种各样的花草说："每种花都有绽放的机会，那些还没有绽放的，只是未到季节。每个人都有成功的机会，只是时间未到，要慢慢等。但是，花草在绽放最美丽的样子之前，要养足最好的精神，万事俱备，以等待真正属于自己的时刻。所以，你现在也要储蓄足够的能量，那就是学习更多的知识、经历诸多的挫折、积攒更多的智慧。人生中的阅历很重要，静静等待属于自己的时刻来临，自然会绽放出美丽的人生之花。"母亲长期的鼓励和支持让他逐渐有了生活的信心，渐渐地，他学会了用新的眼光来看自己，而不是让自己沉浸在他人定义的身份里自卑地活着，他学会找寻自己身上的长处，最后发现自己有着非常优秀的表演才能，平时他在学校参加喜剧演出时就取得了很好的效果，曾让大家笑个不停。

终于有一天，一位著名导演很偶然地看到少年的表演，为之捧腹大笑，赞许少年是百年不遇的喜剧天才，有着独特的表演天赋，立即邀请少年和他合作。

男孩们，你们是否猜出了这个少年是谁？这位少年就是艾金森。如今，他的本名已被人淡忘，而世人熟悉的只是那个名叫憨豆先生的人。相信他的表演很多同学看过，并且被他的演技和能力折服。

男孩们，我们不要总是觉得自己这里不好，那里比不过他人，那是因为你看不到自己的优点，那是因为你不自信。我们要看到自己的缺点，学会反省和改善；我们也要看到自己的优点，不断发扬和完善。

1.不要过于关注别人的优点

不要总是过于关注他人，否则你将会失去自我。比如，某人很漂亮，某人学习能力非常强，某人人际关系非常好……这时，你就很少看到自己有什么值得夸赞的地方。每每对自己评价之时，就会失去自信心，对自己给予否定，认为自己的存在没有什么价值，实际上，这就是自卑的表现。

2.多培养自己的兴趣

兴趣爱好多了，自己的能力就会不断地提高，自信也会慢慢地建立，在他人面前，你的优点也会更多，这也是你的优势来源。如果对某些事情特别痴迷，为了完成它，可以茶饭不思，一头扎进去，不完成誓不罢休，那么，在这些方面，你一定能够做得比别人更加优秀，也会吸引更多的关注和喜爱。

心理悄悄话

我们都是不完美的人，每个人都有优缺点，所谓"尺有所短，寸有所长""金无足赤，人无完人"说的就是这个道理。我们不能总是揪着自己的缺点不放，要学会合理定位自己，看到自己闪光的地方，这样才能更加自信、更加充满正能量。

缺点不是你放弃的理由

海伦·凯勒有着传奇的人生,她的经历至今为人赞叹,为人折服。她一岁半时突患急性脑充血病,连日的高烧使她昏迷不醒。当她苏醒过来,眼睛烧瞎了,耳朵烧聋了。生命里没有了光明,也没有了声音,这是常人想都不敢想的磨难,然而她长大后却成为了一位伟大的女作家、教育家、慈善家、社会活动家。

生活中,多少人因为自己的缺陷而自卑得抬不起头,多少人因为点滴的困难而痛不欲生。但是相对于海伦·凯勒的命运,这又算什么呢?所以,不要夸大自己的悲痛,缺陷不是你放弃的理由,你需要做的就是大步向前迈进。

对于一个多方面残疾的小女孩来说,世界是一片黑暗和寂静的。我们可以想象这样的人生活着都需要很大的勇气,何况是学习和生活呢。但是海伦·凯勒却做到了,她敢于正视自己的缺陷,不放弃自己,一点点地接触事物,感受生命。在海伦·凯勒7岁那年,她的父母请来一位受过专门训练的莎莉文老师,这位老师的到来,对海伦·凯勒在以后的生活中摆正自己的位置,正视自己的人生起到了很大的作用。

有一天,莎莉文老师要开始教她学习具体的事物,开始学习"水"这个字。可是无论如何,海伦·凯勒总是分不清"水"和"杯"的区别,弄不明白其间的关系。莎莉文老师觉得确实有困难,于是带着她到水边,让水流从她的指尖流过,接着就在海伦·凯勒的小手上写下"水"这个字。聪慧的海伦·凯勒牢牢记住了老师传授自己的这个方法,然后面对自己失明和失聪的现状,认真去摸索自己学习的方法和与他人交流的方式。

莎莉文老师觉得，心里能知道字是怎么写的，可是不懂得说又怎么能行呢，这样怎么沟通呢？从小失聪又失明的海伦·凯勒，一来听不见别人说话的声音，二来看不见别人说话时的口型，所以，她尽管不是不能说话的哑巴，却也没办法说话。为了解决这一现状，莎莉文老师替海伦·凯勒找了一位专家，教导她利用双手去感受别人说话时嘴型的变化以及鼻腔吸气、吐气的不同，来帮助她学习发音。我们可以想象，这是一项多么艰巨的任务，无论对谁来说，都是非常困难的，简直难以想象。可是，海伦·凯勒努力摆正自己的心态，克服了在旁人眼中不可战胜的困难，最终，她做到了，她学会了说话。

海伦·凯勒的励志故事可以说给当时及后来的人们带来了很大的鼓舞与动力。海伦·凯勒除了突破官能障碍学会说话、写字，更奉献了自己的一生，四处为残障人士演讲，鼓励他们肯定自己，立志做一个残而不废的人。

男孩们，在否定自己的时候，你应该想想，多少人在羡慕着你拥有的一切呀！不论是学习还是生活，我们都要保持好的心态，正视自己的不足，这样才能彰显出人格的可贵和生命的华美。

1. 既然无法改变，不如欣然接受

很多事情我们真的没法改变，但是一味地哭泣自己的"伤疤"又有什么用呢？所以开朗一点儿，既然无法改变，不如欣然接受吧！贝多芬面对自己的失聪，不也是敢于扼住命运的咽喉吗？不要怕，人无完人，只要努力，你一定会在其他方面绽放更多的笑容。

2. 越挫越勇

"我为什么要被挫折打败？那都是胆小鬼的行为！"男孩们，我们要有这样的魄力，才能冲破道道难关！要有越挫越勇的勇气，才能锻造自己坚强的个性。一次考试失败，不代表次次失败，因为我要汲取教训，争取下次的突破；一点儿缺陷算什么，不代表我别无他长，因为我会完善自己，光芒自会遮蔽瑕疵。勇敢一点儿，你就是最棒的。

心理悄悄话

放弃是一个念头，而永不放弃是一种信念、一种精神。现实生活中，我们往往会自觉或不自觉地选择前者，因此，我们极易成为普通的没有一点儿棱角的人。而有些人却坚定得近乎倔强地选择了后者，这种人虽是少数，但他们却往往能赢得大多数人的掌声。

第07章

懵懂青春，不完美的青春才是完美的

青春期是青少年朋友们最为宝贵的黄金时期，也是给青少年们带来困惑和不解的一段日子。在青春期，青少年的身体发生了非常明显的变化：曾经纯真的童声不见了，嗓音变得沙哑难听；脸上好多毛茸茸的小胡子，很难看；脖子上的喉结，鼓鼓的，很奇怪……此外，还变得比较喜欢接近女孩子。这些其实都是青春期的正常变化。那么，对于青春期的变化，我们该如何应对呢？

正视青春期的身体变化

明明最近总是闷闷不乐，放学就躲到房间里。晚饭后，爸爸和他进行了沟通。原来，他的声音最近发生了变化，使他不敢和同学讲话，怕人家笑话。爸爸拍拍他的肩膀说："儿子，你应该觉得自豪，这说明你开始走向生理成熟，变声只是一个方面。爸爸给你讲讲你的身体还会有哪些变化。"听了爸爸的解释，明明不再觉得不好意思了。

其实，这种情况还有很多，因为年幼，许多男孩对此还不是很了解，所以容易产生一些困惑，这是一种正常现象。这时，男孩可以寻求家长的帮助，让自己的疑惑烟消云散。比如，男孩有时会注意到自己的乳房也在发育。

上初二的男孩强强悄悄地对爸爸说："我个子长高了，可是我的乳房也随着长大了。爸爸，我是不是发育不正常？我会不会变成女孩子？"爸爸笑着说："放心吧！这是正常现象，你不会变成女孩的。"通过爸爸的悉心讲解，强强终于明白了其中的奥秘。

青春期男孩的身体变化有以下几个方面：

1.生长加速

人体有两次快速生长期，一次是在婴儿期，另一次就是在青春期。青春期男孩的身高呈直线加速增高，从加速初始到加速高峰大概历时2年。男孩从10~12岁开始，平均每年增长7~9厘米，在加速高峰期最快每年身高可以增加10~12厘米，以后逐渐减慢，直到最后停止生长。从加速生长到最后停止生长，历时4~9年，男孩身高增加25~30厘米。

2.体态改变

男孩进入青春期后，从一个调皮可爱的小男孩，变成了身材魁梧、肩宽胸阔、肌肉发达、四肢粗壮的男子汉。这些体格的改变都是因为雄性激素的作用。由于男孩肩部的软骨细胞对于睾酮比较敏感，产生增殖反应，使肩部明显增宽。与此同时，男孩的身体肌肉增加，脂肪增长量下降，最终男子的肌肉发达，脂肪蓄积量明显低于女子。出现男性特有的肩宽胸阔、身材高大、肌肉发达的倒三角体态。

3.器官功能发育

肺活量随着年龄的增加而增长，男孩在青春期肺活量可以增加2000~3000毫升。心率则逐渐减慢，随着年龄增长而下降10次每分钟。随着青春期的到来，男孩的血压值高于女孩，男孩的肌肉力量明显增加，握力和背肌力均高于女孩。除了灵敏性和柔韧性外，在速度和力量方面都是男孩高于女孩。

4.性发育

睾丸的增大是青春性发育的最初征象。到了青春期，睾丸会长大到长度大于2.5厘米，睾丸容积达4毫升，相当于鸽蛋大小。同时阴囊增大，阴囊皮肤颜色变红，这些都是青春期开始的征象。男性青春期开始的平均年龄为11.5岁（10~13.5岁）。随着青春期发育，阴茎也增长，可以从发育前的5厘米长到发育末期的12厘米，阴囊皮肤由泛红到色素沉着变深，皱褶增多且松弛。在睾丸增大的同时，附睾、精囊、前列腺也逐渐成熟，生殖细胞不断分裂繁殖，到青春发育中期可以产生精子并出现遗精。男孩初次遗精年龄平均在15~16岁，但首次遗精不代表性成熟，因为此时精子数量少，多数精子还不成熟，性器官还在发育中。

青春期睾丸开始分泌大量的雄性激素，在雄性激素的作用下，男性第二性征也随之出现。一是出现体毛（胡须、腋毛、阴毛），阴毛最早出现，在12~13岁时，在阴茎根部就可见少量颜色浅、稀疏柔软的茸毛，之后逐渐向会阴部蔓延，颜色也渐渐变黑，毛粗而卷。到了青春后期，大腿内侧、耻骨联合部位、肛门周围也会出现阴毛，呈菱形分布。腋毛的出现比阴毛晚一年左右，一般从腋窝中央部位开始向周围蔓延。胡须的萌发约在15岁，先从上唇的两侧开始逐步向中间增长，以后两鬓及下巴处也会出现。毛发的生长分布是雄性激素水平的重要表征。与此同时，男孩将进入变声期，声带变长，声音由尖细变得低沉，而且颈部正中喉结突起。所有这些都意味着男孩已成为一个真正的男子汉了。

看完上述的几点变化，男孩们有没有总结出青春期发育的一般过程？

①10~12岁出现生长加速。

②11~12岁睾丸增大，青春性发育开始。

③13岁左右阴毛出现，睾丸、阴茎增大，出现生长高峰期。

④14岁开始变声，喉结增大，腋毛出现。

⑤15~16岁长胡须，睾丸、阴茎接近成年人，出现遗精。

⑥16~18岁面部出现痤疮，体毛增多。

⑦骨骺逐渐闭合，一般骨龄达17岁时停止长高。

青春发育的进程不是绝对的，会受很多因素的影响，常会出现某个性征发育提前或错后一些，这都是正常的。

心理悄悄话

男孩们，随着年龄的增长，我们的身体必然会发生一系列的变化，特别是青春期的变化尤为明显。我们要了解自己的身体，认识自己的变化，这样才能更加清楚地了解自己、接纳自己。

青春期小胡须长出来了

在生活中，有一些青少年认为自己的胡须影响美观，非常厌恶自己的胡须，因此总是拔自己的胡须。其实，拔胡须是没有效果的，拔掉的只是毛干、毛根。由于拔不掉毛球、毛乳头和毛囊，因此，一段时间过后，胡须仍然会顽强地再长出来。

小星是一名初二学生，今年14岁，正值青春期。这段时间以来，有个问题让小星十分苦恼，那就是嘴边和下巴上长了胡须。刚开始，只有稀稀拉拉的几根，小星也就没在意。可是后来，胡须越长越多，弄得脸上毛茸茸的，怎么看怎么不舒服。

于是，小星经常会情不自禁地照着镜子用手去拔。刚开始，还有一定的效果，最长的几根一下子就拔没了。可是后来，小星发现，胡须越来越茂密，拔得不如长得快。小星想用刮脸刀去刮，可是一想起父亲铁青的脸色，他就难受，他可不愿意早早就变成那个样子！

可是不刮，只能拔掉，怎么办呢？最后，小星偷偷地拿来了父亲的刮胡刀。看到胡子一根根减少，小星开心极了。可是，不知什么时候，爸爸已经站在了他的身后："干么呢？"

小星看到自己的秘密被爸爸发现了，只好说："胡子有碍观瞻，我要刮掉它！"爸爸看了看儿子的可笑表情，然后便转身离开了。很快，爸爸就折返回来，递给儿子一本书，说："看看这本书，你就知道怎么保护胡子了。"小星拿过来一看，是本《男孩生理卫生》。

其实，小星经常会情不自禁地照着镜子用手去拔胡须，甚至常常拔出血来。男孩要明白，进入青春期后，在雄性激素的作用下，口唇部位开始长出胡须，这是男性第二性征的表现，也是男性区别于女性的一个重要特征。这时候的男孩已经接近性成熟期，即由一个调皮可爱的小家伙变成了身体魁梧、肌肉发达且声音洪亮的男子汉了。

那么，男孩究竟应该从什么时候开始刮胡子呢？我们现在就来谈一谈这个一直困扰着众多小男子汉和家长的问题吧。

1.胡子何时开始刮因人而异，但过早刮胡子没有必要

每个人的体质是不一样的，所以何时开始刮胡子也是个很个体的问题。通常情况下，男孩在13~18岁开始长胡子都是正常的。这时，嘴唇上会长出一层黑色的茸毛，但是这层茸毛要长成真正意义上的胡须还需要相当长的一段时间，所以，这时候刮不刮胡子意义并不大。而且如果在不必要的时候过早地随意刮胡子，会刺激和加快胡子的生长，从而使胡子越长越密。

2.乱扯、乱拔胡子很危险

有的男孩为了美观，对于新长出的胡子有些反感，所以总是想着把它们拔掉，但是，这是一种不好的习惯。男孩要知道，细小的胡须有着复杂的结构，它是毛发的一种，露在皮肤外面的部分只是毛干，皮肤里面还深埋着毛根。毛根末端膨大部分叫毛球，毛球下面是包含神经末梢和血管的毛乳头，可供给毛发营养。毛根周围有毛囊，毛发旁还有皮脂腺。拔胡子不但很疼，而且容易造成毛囊及皮脂腺损伤，使细菌乘虚而入，易引起毛囊炎、皮脂腺炎，甚至危及生命。并且一般情况下，拔胡子只能拔掉毛干、毛根，拔不掉毛囊和毛乳头，胡子不久之后仍会长出来，相信拔过胡子的男孩都有过这样的经历。

3.学习刮胡子的正确方法

对于胡须浓密的男孩来说，学会刮胡子也是很重要的一步。首先，用温水洁面，待毛孔放松张开、胡须变软后再开始剃须。然后，用剃须刀沿脸颊、脖子开始，再到嘴唇周围及下巴处。注意，为了防止血液传染病，不要跟别人混用剃须刀。最后，剃完须后，用温水洗脸，着重洗胡须的部位，然后用凉水冲一下，这样有利于张开的毛孔收缩复原，再在剃须部位涂些滋润液、霜等，以安抚皮肤，减少刺痛。

心理悄悄话

男孩们，长胡子是男孩长大成熟的一种标志。其实，真的没必要费心劳神地去在意这个男孩都有的现象。大多数人一般要在20岁左右才长出明显的胡须，十五六岁的少年完全没必要为那一层黑茸毛而烦恼。

青少年有个"异性眷恋期"

初中二年级5班有个非常优秀的女生名叫王琳琳，不仅长得漂亮，而且才华横溢，校刊上经常登载她的抒情诗歌。在参加学校文学社活动时，王琳琳认识了初三年级的一名男生张豪。慢慢熟识后，张豪对王琳琳产生了强烈的好感，便找各种理由主动接近她。给她写情诗，买花送给她，为她画素描，还给她买书买杂志，爱得轰轰烈烈。

那天，张豪写了一篇美文，其中有个句子是"在我的心中产生了涟漪"。他装作很诚恳的样子向王琳琳请教，还把自己的美文读给她听，可是王琳琳并没有什么反应。当张豪好不容易鼓足勇气向王琳琳表白自己的爱慕之情时，没想到，却被她泼了一盆冷水。她告诉张豪，自己的目标很明确，要专心于学业。她婉转地拒绝了张豪的追求，并对他说："咱们现在年龄还小，都应该好好学习，希望你以后不要再打扰我了。"

张豪心有不甘，叫上最好的朋友来帮助自己。某个周末的傍晚，张豪和他的朋友一起找到了王琳琳。张豪的朋友着急地再次替张豪告白，而王琳琳低着头急匆匆地进了小区。因为有保安，张豪没敢再追，和他的朋友坐在小区大门前，失落地给王琳琳发着短信。半个多小时过去，天已昏暗，夜已寂静，女孩仍未回复。张豪悲伤地回家了，他的朋友也叹着气走了。

这件事无疑给了张豪沉重的打击。看到张豪日渐消沉，他的朋友劝他："哥们儿，别这么垂头丧气，俗话说：'先苦后甜。'你如果努力奋斗考上了好高中，你和这个女孩才会站在同一水平线上，这样你们才有共同的语言和未来可言。现在只是初中，一切都是未知。"

于是，张豪暗暗下定决心，将被拒绝当作自己好好学习的动力，用自己的优秀来吸引同样优秀的女孩。原来张豪对上哪所高中根本无所谓，后来却一心要考本市的一所重点高中。一方面，可以不辜负家长、老师对自己的期望；另一方面，这所高中就在他初中学校旁边，今后可以方便和王琳琳继续接触。

最后的结局是，张豪还没有去上高中，对王琳琳的单相思恋情就结束了。他把全部精力用在了学习上，中考很成功，考上了理想的高中，但不是初中旁边的那所。

无论是被表白，还是向他人表白，相信很多男孩都出现过相似的烦恼。那么，合理地处理自己的心事就显得非常重要。

1.集中注意力于学习

男孩们应该明白，我们现在处于接受学校教育的阶段，此阶段的主要任务就是学习。早恋是正常现象，但是关键看我们怎么去克制自己。我们应该向故事中的男孩学习，把这种情感转化成学习的动力，不断提升自己，随着时间的流逝，自己变得成熟起来，年少的烦恼也就慢慢淡化了。

2.不要耿耿于怀

男孩如果表白受挫，那么不要耿耿于怀，要学会放下。要知道，男儿志在四方，现在是打基础的阶段，不是谈感情的时候，放下就是解脱。如果被表白，那么要婉言拒绝，不要粗暴地伤害女孩子的心，要鼓励她一起好好学习，不要因此耽误学业。

心理悄悄话

时间会慢慢治愈你的伤口，在你看来无法自拔的一段感情，或许多年以后，就会觉得很淡然，对当时的孩子气一笑而过。希望男孩早日走出早恋的苦恼，用更积极的心态面对自己的远方。

青春期男孩长出了喉结

亮亮最近总是喜欢照镜子，并且处于恐慌的状态。小庆笑他说："什么时候变成女孩子了，跟她们一样爱美。"亮亮辩解道："你不要瞎说，你看我脖子上长出的这个小东西，真是让我烦透了。它虽然不影响我吃饭、喝水，但是会不会是什么病变前兆哇？"小庆听罢，用手去轻轻摸了一下他脖子上的小骨头，"疼不？"小庆小心地问道。亮亮摇摇头说道："没啥感觉。"在亮亮说完后，亮亮发现小庆的脖子下好像也有，便说道："小庆，你摸摸你脖子那儿，好像跟我一样耶！""是吗？咦，真的呢！"小庆吓了一跳，心想，这可怎么办。

这时，强强走了过来，说道："喂！你们在做什么呢？看起来很痛苦呢！"亮亮像看到救星一样说："强强，你来了，太好了！你可是咱们班最聪明的孩子了！我俩现在很苦恼，瞧我们脖子下长的小东西！"强强一看，便说道："这个呀，你俩完蛋啦！昨天，我在电视上看到，说这个是一种叫作肿瘤的家伙，会死人的！"小庆和亮亮当场就吓傻了！强强看着他俩吓傻的模样，捂着嘴笑道："笨蛋，这就把你们给吓着了！以后回家多学着点儿，告诉你们，脖子上长的小东西叫作喉结，没啥可怕的！它不是肿瘤，它是我们进入青春期的标志，放一百二十个心吧，因为这说明你们已经踏进了男人的世界！而且长喉结只有我们男生才有哦！"强强说完，便溜之大吉了！亮亮和小庆互相看了看，再看看周围的女生，才放下心来。这时，亮亮反应过来："小庆，强强他刚才欺负我们！"小庆这才想到，笑嘻嘻地说："走，赶紧追他去，他是想尝尝我的拳头了，哼哼！"

男孩已经长大了，进入青春期需要面对的变化还有很多，所以没必要害羞或者不敢面对。关于喉结，男孩不要害怕，看完以下说明，你就会对它有更明确的认识了。

人的喉咙是由11块软骨做支架组成的，其中最主要、最大的一块叫甲状软骨。胎儿在两个月时，喉软骨就开始发育，直到出生后5~6年，每年不断增长，但从五六岁到青春发育期这一时期内，喉软骨基本停止生长。不论男女，儿童时期的甲状软骨都一样大。进入青春期后，男性雄性激素分泌增加，两侧甲状软骨板的前角上端迅速增大，并向前突出形成喉结，同时喉腔也明显增大，几乎是新生儿的6倍，这样使男孩原先清脆的童声变成低沉而粗壮的成人声音。男性的这个性征是由睾丸分泌的雄性激素睾丸素所引起的。正常女孩的卵巢虽然也会产生微量的睾丸素，但只有男子的5%，所以一般女子不会长喉结，即喉结不会明显突出。

心理悄悄话

男孩们，你如果还不甚了解青春期生理方面的知识，一定要一边学习一边关注一下自己身体的变化。青春期对于男孩来说是一个学习新知识的过程，男孩在了解自己身体的同时也要懂得呵护自己的身体。

声带小结等疾病，严重者还可能导致终生声音嘶哑。

3.规律的生活习惯

男孩应养成规律的生活习惯，劳逸结合，保证充足的睡眠。在平时生活中应加强体育锻炼，增强身体免疫力，减少上呼吸道感染，这对声带的生长大有裨益。尤其要注意保暖，因为着凉、感冒都会加重声带的肿胀和充血。

心理悄悄话

男孩们，你们正处于长身体的阶段，要明白声带发生了变化，声音自然也会发生变化。而且，随着这些变化而来的，还有一些其他生理上的变化。男孩变声期的完成一般需要半年至一年的时间，这段时间，男孩一定要保持良好的心态，正确对待这种变化，让身体健康成长。

正确看待青春期的情感

下面是一位读初二的男孩写下的关于早恋的内心感受：

我来自农村，今年上初二了，在学习上，我是一个非常上进的学生，也很刻苦，成绩还可以，每次考试成绩都保持在全年级前三十名。寒假结束到校后，我们班来了一位新同学，是一个女生，她的座位离我很远，我们只说过一次话，但我也说不清怎么就喜欢上她了。难道这就是早恋吗？感情的冲动使我上课经常走神，晚上独自一个人时就想这个女生……理智上，我知道应该克制，但是我却不能让自己把全部精力用到学习上，我时常因自责而烦恼。

初二的学生正处于青春期，这个阶段学生出现早恋问题也比较正常。可是青春期的孩子自我克制的能力还不够成熟，所以极易因此而耽误学业。现实生活中，不少青春期学生陷入早恋，往往难以正确处理学习、生活、健康的关系。医学专家奉劝恋爱中的男孩女孩：在青春期恋爱这个问题上，要做"行动的矮子""思考的巨人"。首先要想明白爱的意义，包括责任和义务。性行为对青少年而言是一种风险性极大的行为，不仅会对少女身心健康造成危害，更会对双方未来的家庭幸福带来伤害，这种伤害的影响往往会伴随一生。

陈浩是家里的独子，爸爸妈妈为了让他好好学习，给他创造了很好的物质条件。他也很争气，从不惹祸，不仅成绩在班里名列前茅，还当上了班长，很多同学的家长把他当作自己孩子的榜样。

然而上了初二以后，陈浩的妈妈却发现儿子有些改变。平时，放学后陈浩总是按时回家写作业，现在却常常晚回家半个多小时，问他他就说在学校写作业了。周末的时候，儿子也不在家看书学习了，一早就出去，很晚才回家。并且还常常躲进自己的房间打电话，一打就是一两小时，有时候还坐在椅子上发呆或者莫名其妙地发笑。这让妈妈很担心，孩子是不是精神上出什么问题了？

后来，一个偶然的机会，妈妈去商场买东西，看见陈浩跟一个漂亮的女生牵着手逛街。看着他们有说有笑，很亲密的样子，妈妈恍然大悟：儿子这是早恋了。这可怎么办才好？

男孩们，恋爱并不是错误，只是对于青春期这个年龄段来说实在太早，因为你们还不具备各方面的心理素质和外在条件。假如过早沉浸在恋爱中，就会偏离原本的生活轨道，忘记自己的责任，失去奋斗的目标。而且男孩一旦遇到失恋的打击，很容易一蹶不振，甚至留下心理阴影，最终毁掉自己的前程。实践表明，只要父母正确引导，这时的男孩可以控制自己的情感，可以人为地不再扩大彼此之间的感情，能像对待其他同学一样对待自己喜欢的人，并且把感情转化为动力。如果身陷其中，男孩可以学会倾诉，寻求父母的帮助，一起携手解决当前的困惑。

面对早恋，男孩知道怎么做吗？

1.不要让友情偏航

随着心理和生理的成熟，青春期的男孩女孩对异性的关注度会明显增加，彼此之间的交流也会变得频繁起来。其实，这是一种正常的心理现象，不是一件丢人或见不得人的事，也与道德品质没有关系。绝大多数青少年都"早恋"或"单恋"过异性，关键是青少年如何正确处理早恋和男女之间正常交往的关系。不要过分地敏感，不要以为异性对你好一点儿就是爱上你了，也不要动不动就向人家表达爱意。

2.想想会有怎样的后果

整日沉浸在恋爱里，你有没有发现你的学业已经受到了严重的影响？原本用来学习的时间很多时候被爱恋的对象所占据，因此你没心思去学习，也觉得学习没多大意思，上课注意力也难以集中。由于没有认真听讲，学习成绩就会越来越差。为此，青少年学生要把眼光放得远一点儿，要用理智战胜自己的感情。毅力的真谛是战胜自己，你能战胜自己，就能摆脱早恋。

心理悄悄话

过度投入情感容易迷失自己的内心,在该学习的年纪偏离方向。男孩们要有"好男儿志在四方"的远大理想,努力学习,充实自我,这样在未来的岁月,才能有大作为,也能品尝到甜蜜的爱情果实。

第08章

克服叛逆，不要总喜欢和老师对着干

孩子在成长过程中都会经历叛逆期，出现叛逆心理是很正常的，这是每个孩子必经的一个阶段。但是，有些男孩叛逆心理程度比较严重：上课的时候总是无法集中注意力，经常与老师、同学发生矛盾，做事冲动容易意气用事，动不动就冲着自己的父母大喊大叫……这些行为对于孩子的成长都是极为不利的。男孩们，我们要学会控制自己的情绪，做理性男孩，不要因自己的叛逆铸成无法挽回的大错。

老师的严厉并不是针对你

"为什么那些不听话的同学能受到老师的关注，而老师总是看不到我呢？老师就是不喜欢我，那我就做个坏孩子……"步入学校，很多学生希望能够得到老师的关注，如果老师忽略了自己，就会觉得老师跟自己过不去，然后产生一系列的叛逆心理，希望引起老师的关注。此外，他们会明显地感受到老师的每一个情绪变化，甚至有时候还会发挥自己的想象力进行猜测：老师对他好，对我不好；老师喜欢他，不喜欢我。这种认为老师"偏心"的孩子大有人在，带着这样的情绪，他们怎么能和老师实现良性的互动呢？

亮亮是某小学六年级的一名男生。这天下午，他回到家后就跟爸爸唠叨："张老师太偏心了，他故意和我过不去，我那么努力他都看不到我，班里的'问题'男孩却总能得到他的关注，我也不想学习了，老师就是不喜欢我……"经爸爸询问后得知，原来，因为学期将要结束，亮亮所在的班级要评选优秀进步生。班主任张老师推荐的候选同学的名单里没有亮亮，这让亮亮很不开心。

看到儿子这么委屈，爸爸有些心疼。他很清楚，自从升入六年级之后，亮亮比以前还要努力，更早地去学校，更晚地回家，而且经常帮助老师做一些事情。在学习成绩方面，亮亮也有了明显的提高。

经过一番深思熟虑，亮亮的爸爸找到了班主任张老师，他心平气和地把亮亮这段时间的表现、努力成果和失落以及现在他不想好好学习的想法，如实地说了出来。

张老师听了亮亮爸爸的话，很有感触地说道："这段时间，班级里事情很多，一方面忙着班里的事情，另一方面还要开导一些平日里问题比较多的学生，忽略了亮亮的变化。亮亮一直是个挺懂事的学生，我对他很放心，所以最近一段时间对他关注度有所欠缺，我很内疚。您放心吧，我会帮助他重新振作起来的。"

第二天放学后，亮亮回到家就兴奋地告诉爸爸："今天班主任张老师表扬我了，我也成了优秀进步生，而且张老师还说希望我继续努力。爸爸，以后我一定要更加努力地学习，不放弃，你也要监督我哟！"

男孩们，现阶段你们的心是脆弱敏感的，所以很容易产生一些猜忌，容易出现一些心理不平衡的想法。比如，"老师上课总是提问他，而不提问我""和别人发生了争执，老师就会拿我'开刀'，简直太偏心了""我进步了这么多，老师却像没看到一样，我同桌才有一点点进步，他就表扬个没完没了"……大多数时候，其实是孩子们自己多想了，大部分老师都希望每一个学生都能得到更好的发展，只不过有时候因为每个学生不同的自身条件和现实状况，老师采取不同的对待方法罢了。男孩们切忌因为感觉老师的某些做法让你不开心而去做一些冲动的事情。

1.不要故意捣乱引起老师的注意

有的男孩感觉被忽视了，就故意惹是生非来博取老师的关注。男孩们，这种行为是不可取的，是对自己不负责的表现。要为老师考虑一下，想想老师这么做的原因。为此，我们可以主动找老师谈谈心，或许问题就迎刃而解了。

2.别想太多，做好自己

男孩们，不要想得太多，做好自己你就会变得更加优秀。担心得越多就会失去越多，老师并没有跟你过不去，与其胡思乱想，不如用学习来证明自己。

心理悄悄话

男孩们，大部分老师会针对不同的学生采取不同的教育方法，每个学生都是不同的个体，你如果觉得老师"偏心"，或许只是你不懂得老师的用意罢了。

青春期男孩要做好情绪管理

青春期的孩子容易叛逆，总是我行我素，同时青春期的孩子也容易冲动，会在冲动的时候迷失自己，理智不受控制就会做出一些违反常规的事情。冲动的后果是我们无法想象的，总会带来一些不必要的损失，让人后悔不已。所以，你如果处于青春期，那就一定要懂得克制自己，学会调节情绪，及时纠正不良情绪，不让冲动误事。

这次开学，强强就上初二了，他感到学习压力非常大，家里父母又对他寄予了很大期望，所以他最近的心情非常压抑。此外，新的学期学习的知识越来越难，强强感觉自己有些跟不上进度，总觉得自己不如别人，感觉自己非常努力学习了，但成绩就是不尽如人意。这时候，他的情绪开始出现不稳定，还时不时地产生厌学情绪，尤其是遇到一丁点儿小事就十分冲动和恼火。

一次，后面座位的小志不小心踩到了他掉在地上的钢笔，那是叔叔从外地给他带的生日礼物，他二话没说，照着小志的鼻子就是狠狠的一拳。当看到小志的鼻子被打出血，慌忙向水管跑去时，他呆呆地站在那里。就连他自己也无法相信，自己怎么会因为这点儿小事去打人。

不只在学校，强强在家里也是如此。有一次，强强上完最后一节体育课，兴冲冲地跑回家。一看妈妈不在家，是爸爸在做饭，爸爸做饭一向很慢，他就抱怨爸爸做饭晚了。等爸爸做好饭时，说了他一句："没看我忙着吗？那么大了，也不知道过来帮帮忙，一下班回来就急着给你做饭，你怎么还耍起性子来了。"爸爸说了几句，他就当着爸爸的面，使劲把碗摔到了地上。

强强自己也时常为自己的坏脾气烦恼，可是只要有人得罪他一点儿，他就无法约束自己，不是说一些伤害人的话，就是动手用暴力解决问题。

强强的问题相信很多男孩经历过或者目睹过，遇到事情容易急，不行就用暴力解决问题，结果害人害己。一个人只有理解自己的情绪，才有办法去合理地处理它，所以一个人遇到事情最好的解决办法就是保持冷静、不要冲动。当刺激过来的时候，先冷静一下，想想外因是什么，内因是什么，把它们综合起来进行判断，再作出自己的反应，这时的反应应该是很正确的，不会让你后悔。冲动是可以克制的，所以男孩们要学会自我调节，不能任由自己做出一些让自己悔恨终生的事情。

1. 心胸宽广一些，计较得少一些

越是计较的人，越容易因为一点儿小事而与人闹得不可开交。男孩们，朋友之间没有什么过不去的，没必要事事那么较真，胸怀宽广才是真正的男子汉。当一些小事打扰了你，请你理解、豁达，这也能体现出你良好的素质和修养。

2.自我调节，学会掌控自己的情绪和行为

男孩们，冲动是一种行为缺陷，缺乏理智并带有盲目性，因此，我们要学会控制情绪，对后果有清醒的认识，如果因为自己的冲动造成无法挽回的后果，那么你将会追悔莫及，会陷入深深的自我责备中，甚至会断送自己的一生。其实，在学习或者生活中遇到不如意的时候，为一点儿小事而大动干戈、发脾气，既破坏了和谐的氛围，也破坏了同学间的团结。这实在没有必要。

心理悄悄话

控制不住自己？那就在发火之前给自己几分钟的时间，短短的几分钟往往会给你带来很大的转变，让你从疯狂的状态恢复到理智。静一静，深呼吸，下一秒你就能作出更好的决定。

善于驾驭自己的情绪

在一个人成长的过程中，学会管理自己的情绪对未来的一生有着非常重要的作用，尤其是处于青春期的孩子们，现阶段正是你们培养良好性格的绝佳时期。你们在生活中不仅会有快乐，还会有挫折、后悔、孤单的时候，有些人一旦遭受挫折，感到难过，就习惯用很暴力的方式发泄，冲着人大喊大叫、摔东西、砸墙、暴跳如雷……不但给自己带来麻烦，还会影响自己的人际关系。

所以，远离坏情绪，远离叛逆心理，调整心态，养成良好的性格，对于大家来说至关重要。

丁旭是一名初二学生，在同学看来，他各方面一直表现得很优秀，而且很会处理同学关系，很多同学都愿意和他做朋友。其实，他和大多数人一样，会生气、会动怒，甚至有时候会气急败坏。但是，大多时候，他都能在这些情绪爆发之前，将它们化解掉。这个化解的方式，就是让自己的思维暂停一下。拿他成长过程中一件真实的事情来说，在他上小学的时候，因为长得比较瘦小，经常被大个子的同学欺负。有一次，他实在是受不了了，就悄悄拿了一根木棒，想要跟他们拼命。但是，就在他冲出家门，想要给他们一个教训时，他犹豫了。他努力让自己的情绪平复下来，开始好好考虑后果：我这么做，会得到什么？我可能会因为伤害别人受到学校的通报批评；我可能会因此失学，我的前途将会一片昏暗，我将不能实现自己成为工程师的梦想……相反，我如果不去找他们拼命，而是用其他方式来化解呢？比如，我可以找老师、找家长，甚至可以避开他们……当丁旭想明白这一点，那些令他不快的情绪也就消散不见了，他还要实现自己的梦想，不能因为一时冲动而毁了自己的前程。

的确，在你无法控制自己情绪的那一刻，在你冲动之前，可以先想一下事情的后果，或许你就会想通这件事，控制好自己的情绪了。

从前，有一个脾气很坏的男孩，他的爸爸给了他一袋钉子，告诉他，每次发脾气或者跟人吵架的时候，就在院子的篱笆上钉一根。第一天，男孩钉了

37根钉子。后面的几天，他学会了控制自己的脾气，每天钉的钉子也逐渐减少了。他发现，控制自己的脾气，实际上比钉钉子要容易得多。终于有一天，他一根钉子都没有钉，他高兴地把这件事告诉了爸爸。爸爸说："从今以后，你如果一天都没有发脾气，就可以在这天拔掉一根钉子。"日子一天一天过去，最后钉子全被拔光了。爸爸带他来到篱笆边上，对他说："儿子，你做得很好，可是看看篱笆上的钉子洞，这些洞永远也不可能恢复了。你和一个人吵架，说了些难听的话，你就在他心里留下了一个伤口，像这个钉子洞一样。"

男孩们，或许你没注意到自己的情绪给他人造成了多大的创伤，坏情绪有时候会变成一把刀，插进身边人的身体里，给其带来很大的痛苦，伤口也难以愈合。而心灵上的伤口和身体上的伤口是一样的，一旦有了，就很难抹掉。情绪是可以驾驭的，关键看你如何去做，听之任之，只会毁了你的一生。

1.学会冷静思考，理性面对问题

青少年在面对挑战或冲突时，往往容易情绪化，导致脾气失控。因此，学会冷静思考至关重要。当感到愤怒或不满时，尝试深呼吸，让自己先冷静下来。接着，从客观的角度分析问题，思考问题的根源和可能的解决方案。通过理性思考，可以避免被情绪冲昏头脑，从而更好地控制自己的脾气。

2.积极沟通，寻求支持

沟通是解决问题的关键。当遇到让自己生气的事情时，不要选择沉默或发泄情绪，而是尝试与对方进行积极的沟通。表达自己的感受和想法，倾听对方的观点，共同寻找解决问题的方法。此外，当感到无法控制情绪时，可以向家人、朋友或老师寻求支持。他们可能会提供一些有效的建议或帮助你分散注意力，从而缓解情绪。

心理悄悄话

在生活中难免会遇到不顺心的事，如果不能宽容待之，一时情绪激动，甚至暴跳如雷，大发脾气，会严重危害自身健康。为了自身的健康，男孩要学会克制、宽容，也要懂幽默，这些消气艺术都是很有帮助的。

学会与父母正向沟通

不同的生活经历，不同的教育环境，这一系列的差异给父母和子女这两代人造成了很大的代沟。由于长期缺乏交流，父母总是担心孩子不听话，而孩子却总是抱怨跟父母无话可说，代沟太深，自己得不到理解。然而，交流是人与人之间互相沟通的主要方式，而沟通更是人与人之间增加理解的唯一渠道，是打开心灵之门的钥匙。父母与孩子之间的关系是否和谐，是否能开诚布公，平等交流，给孩子更多自由选择、决定的机会，孩子是否能理解父母的苦心、爱心，这些对孩子的成长都是非常重要的。其实，许多孩子的成功源于能够很好地处理与父母之间的关系。

刚上初中不到两个月，性格活泼的林林就适应了初中的校园生活，与同学相处得很好。但是生活并不都是欢声笑语，晴晴也遇到了一些人际关系问题。无法想明白原因的他打电话回家，妈妈认真听了他的故事。

"我觉得既然能成为同学，说明大家很有缘分，同学之间就应该相互关心、相互帮助。拿我自己来说，对一些同学很好，如果谁遇到什么问题，我都乐于助人。但是我发现，当自己有问题时，其他人却变得没反应。"

"我觉得有些人很自私，只想得到不想付出。"

"那你帮助别人的时候，开心吗？"妈妈问道。

"嗯。我感到很充实、很快乐。只要能做到的，我就会尽力帮助别人。"晴晴说道。

"那就对了，只要你开心就行了，何必理会他人的做法呢。"妈妈接着说道。

"但是我有困难的时候也想得到他人的帮助哇，我能做得到，他们为什么就不能做到？"林林有些气愤地说道。

"在这个世界上，付出不一定和得到成正比，甚至可能成反比，只要自己问心无愧就好了，这样朋友才会慢慢多起来。"在与妈妈的长谈中，晴晴慢慢转变了看法，对付出与回报有了更深的认识。

"妈妈，谢谢你。"

"傻孩子，妈妈很开心你能和我说心事。"真没想到，儿子读了初中并没有像其他孩子那样与父母渐渐疏远，还能和父母分享心事，妈妈心里感到很欣慰。

男孩们，父母是最疼爱我们的人，也是我们的启蒙老师，我们长大了，自立了，难道就不屑与他们谈心了吗？或许，在一些事情上，他们是不容易理解我们，但这不是他们的错。作为年轻人，我们要做到以良好的心态积极面对生活，主动跟他们交谈，让他们的担忧和困惑一点点消失，懂得沟通才能互相理解、互相支持。父母有丰富的人生经验，不要忽视我们的父母。他们在走过自己的童年之路、少年之路、青年之路后，已对人生有了更深层次的思考。父母对我们的种种告诫和提示，更多的不是出自书本，而是来自他们真实的生活。所以，男孩如果有心事或者解不开的疙瘩，记得与父母谈谈心，寻求更好的解决办法，这样才能拉近亲子距离，从而走好人生的每一步。

那么，怎样才能更好地沟通呢？

1.懂得理解和尊重

父母不仅要为了生活在外打拼，还要关心孩子的生活和学习，是非常不容易的，我们要多多理解他们。父母做的一切都是为了孩子，如果感觉父母不理解你，并且感到委屈，我们要主动跟父母解释一下自己的想法，化解不愉快。与此同时，我们必须尊重父母，若对父母没礼貌，那就冲破了道德底线。

2.学会换位思考

一个能站在他人角度、为他人着想的人真是非常令人佩服的。男孩们，当我们不理解父母、与父母发生冲突的时候，要学会换位思考，替他们想一想，了解他们是为了什么、有什么想法、有什么道理，这会使我们变得更加冷静和理智。

心理悄悄话

男孩们，跟父母谈心不是"长不大"的表现，懂得交流才是你逐步走向成熟的标志。在交流沟通中，说不定父母也会受到你的影响，接受一些年轻人认可的新生事物，那样会无意中缩小代沟，增进亲子感情。

顶撞老师不是有胆量，是无涵养

有些处于青春期的孩子相当叛逆，不仅不把父母放在眼里，与父母吵架，而且在学校也总是顶撞老师，跟老师过不去，经常目无师长。这种行为是极为不妥的，也是不道德的表现。尊师是我国的传统美德，老师像辛勤的园丁一样为学生"传道、授业、解惑"，被称为"人类灵魂的工程师"。无论何时，我们都要做到礼仪待人，尊师重道。

宋代学者杨时和游酢拜程颐为师，有一次，他俩去请教老师，正逢老师午睡，为了不惊醒老师，两人站在门外雪地等候。当老师醒来时，雪已有一尺深，二人全身是雪，仍然恭敬地站立在门外，这就是"程门立雪"的尊师美谈。现如今，不要求学子能够做到他二人那样，但是起码的礼仪还是要有的。男孩们要记住，顶撞老师、目无尊长的人肯定不会是一个受人喜欢的人。

初中二年级有个男生叫张子越，一直骄傲自大，自以为非常了不起。子越很聪明，学习成绩也不错，他对数学特别感兴趣，理科成绩比较突出。但是他性格倔强，非常叛逆，在家经常顶撞父母，在学校也时常和老师发生冲突。老师们发现一个奇怪的现象，子越尽管经常被老师请进办公室，遭训斥，但在同学中却有很大的威望，同学们将他顶撞老师的行为视为勇敢的表现，对他很是佩服。经过一番商讨，老师们决定在校园举行"什么是真正的勇敢"的活动，意在引导孩子们了解所谓勇敢的正确意义。

在活动中，老师让大家不要有顾忌，畅所欲言。一个同学说："我胆子很小，所以崇拜那些胆子大的人。像有些同学敢和老师顶嘴，我觉得就很了不起，因为对我来说，就是刀架在脖子上，我也不敢。"有的同学说："我认为那些敢和老师顶嘴的同学，就是勇敢的人，和这样的人在一起，有安全感，遇到打架的事他会帮你，不会跑掉，很讲义气……"对这些孩子的天真看法，老师只能报以苦笑。要不是这个主题班会，老师还真的不了解，一个喜欢顶撞老师的学生为什么在同学之中竟然有这么高的威望。于是，老师耐心地针对什么是真正的勇敢，对同学们进行了一次深刻而有意义的教育。

包括张子越在内的很多孩子，他们的是非观念还没有成熟，往往把顶撞师长作为勇敢的表现而加以推崇，这显然是错误的。

男孩们，如果你们有张子越同学的这种想法，一定要加以杜绝，认清是非，这样才能成为德才兼备的好孩子。

1.要明白老师的付出都是为了我们的前途

讲台是老师传道授业的主要场所，洒满了老师的汗水。我们要虚心学习，认真听讲，这是对老师最大的尊重。

2.不顶撞，尊敬老师，讲礼仪

见到老师要主动打招呼；对于老师的教导要虚心接受；进老师办公室时，要轻轻叩门，然后开门进去，询问完问题之后懂得表达谢意……这些都是文明礼仪的范畴。

心理悄悄话

有时，老师批评你或许有不妥之处，你可以下课后找老师谈谈，这远比当面顶撞要好得多。如果你想通过顶嘴这个方法引起老师的注意，其实大可不必。

克服逆反心理，正确表达诉求

青春期并不是你任性和狂妄的借口，每个孩子都是从不同程度的叛逆走过来的，叛逆也是成熟路上的必修课。但是别人能把控住自己，不做出一些过分、离谱的事情，你为什么做不到呢？如果任由这种情况发展下去，这就是对自己极不负责的表现。所以，我们要学会调控自己的情绪，必要时寻求师长的理解和帮助，努力完善自己，而不是自暴自弃，任由自己胡闹。

张冉冉今年13岁了，正在某初中读初二，最近迷上了读小说，特别是一些言情和科幻类的小说，可以说已经到了茶饭不思的地步。上课不听讲，总是分神，还动辄顶撞老师。听到老师说张冉冉的学习状况和在校表现，张冉冉的父母非常忧心，回家之后对她进行了批评教育，禁止她看小说，督促她放学回家后好好完成作业，补习功课。

没想到，张冉冉听父母说完之后，火气更大。她冲父母大声吼着："你们懂什么呀？我看的都是名家作品！这有利于我学习！你们什么都不懂，最好别管我！"

父母没想到张冉冉竟然这么不尊重自己，情急之下更加严厉地责备起张冉冉来。然而，张冉冉呼哧呼哧地喘着粗气，不屑地看了父母一眼，摔门就进了自己的房间。

张冉冉知道，父母担心的是她会看不健康的书。于是，她特意拿着言情小说，故意让父母看到，在他们面前扬长而过。看到当时父母或无可奈何或强忍怒气的样子，张冉冉觉得内心充满了报复后的快感，但是回到自己的房间之后，她又觉得挺失落的。

有时候父母教育方式不妥，会导致孩子的叛逆心理越来越重，产生报复心理，让孩子越发地疏远他们。但是我们要想想，父母的忧心是出于对我们的关切。如果总是跟他们对着干，是不是太让父母寒心了？所以，多反思一下自己，站在他人角度考虑一下，克制自己的脾气，与父母、老师多多交流，让他们知道自己的想法，尽早摆脱叛逆心理吧！

1.我们要明白"理解万岁"

只有懂得了理解，才能更好地沟通，只有沟通才能消除误会，拉近彼此的距离。学着从积极的角度去理解大人，父母的啰唆、老师的批评很多时候是善意的，他们的出发点是好的，是出于对你的关心。而老师、父母也是人，也有正常人的喜怒哀乐，也会犯错误，也会误解人，我们只要抱着宽容的态度去体谅他们，也就不会有逆反心理了。

2.多多提醒自己

男孩们，我们已经长大了，不是小孩子了，遇到事情不要总是由着自己的性子来，要学会克制自己，多多地提醒自己，虚心接受老师和父母的教育，遇事要尽力克制自己。要知道，退一步海阔天空，突显自己的个性并非要通过与他人对抗来实现。能够做到自我约束，懂得做事的分寸，这就是不断成熟的表现。

3.适应环境，学会调节

男孩们，我们要不断提升自己的心理适应能力，多参加一些集体活动和娱乐活动，在与人交往中不断完善自己，学习他人的优点，展现自己的闪光点，这样才会更好地实现自己的价值，在进步中不断克服逆反心理。

心理悄悄话

男孩们,逆反心理既是一种正常心理,也是一种心理问题,有着两面性。积极的逆反心理是一面明镜,如果能加以正确地利用和引导,就能够形成独立思考的良好品质,但是逆反心理如果不能往好的方向发展也会给家庭教育、学校教育带来一系列问题。所以,男孩不可以对自己听之任之,认识到逆反心理的危害也是很有必要的。

第09章

坚持锻炼，不断提升自主生活的能力

努力有多少，你的人生舞台就有多大。男孩们，不想经历风雨，就不要期望看到彩虹，没有付出，谈何收获呢？我们现在已经长大了，如果还是想着坐享其成、不劳而获，那么终将一败涂地。让我们努力加油，让身体和思想行走在路上吧！

经受生活考验，才能成为"男子汉"

有句话说得好，"不经历风雨，怎能见彩虹"。的确，哪有人能随随便便就成功。多少辉煌的背后是数不尽的汗水与泪水，是一次次的磨炼与承受……只不过我们看到的是他们辉煌的一面罢了。所以，不想经历生活的风风雨雨，就不要期望看到美丽的彩虹，有付出才会有回报。

男孩们，谁想笑到最后、笑得最甜，谁就要经得起考验，受得了痛苦，这样才能获得决定意义的成功。其实，到最后你会发现，起初的成就和痛苦只不过都是为后来而设的奠基石。

残奥会上的竞技场面常能让人深深地感受到什么叫作敬畏生命，让人明白什么是身残志坚。每一场比赛，都能让人模糊双眼，运动员的那种励志、那种精神是我们每一个人都应该学习与尊重的。1970年，出生于上海的黄文涛就是其中的一位优秀代表。他刚出生就双目失明。他从小离开父母的怀抱，去上盲校，养成了自己照顾自己的习惯，懂得了自立、自尊、自信、自强。1985年，黄文涛加入了盲童学校田径队，开始了他的体育生涯。他主要学习的是短跑和跳远，其实，我们应该能体会到，对于残疾人来说，这些是多么的艰难。当时使用的还是非常落后的助跑器，踏脚板用一根细长的铁钉支着。在一次训练中，出了意外，铁钉斜伸出来，一个正常人可以很轻易地看出来，但他什么也看不见。一脚踏上去，一股钻心的疼痛从脚底而起，疼得他一下子昏了过去。原来，铁钉穿过了跑鞋底和他的脚掌，又从鞋面穿了出来。先天的遗憾注定了他要付出比常人更多的代价，遭受更多的疼痛。对于教练的指导，他是看不到的，他只能用一次次的分析，一次次的研究，一次次的尝试来完善自己。这其间一次次的跌倒与爬起，只为了能够有朝一日战胜自己，取得成就，为国争光。终于在1992年巴塞罗那残奥会上，黄文涛沉着冷静地超水平发挥，以3厘米的优势打败了西班牙的胡安，赢得了盲人B2级跳远冠军。当他站在领奖台上，聆听庄严的国歌奏响的时候，心中充满了自豪。

男孩们，请记住：要想成就更好的自己，就需要对自己狠一点儿，要不怕苦，不怕累。

1.要对自己狠一点儿

我们是小小男子汉，很多时候，我们对自己太放纵，不舍得让自己吃苦，其实，逼自己一把，也许你会更优秀。

2.男孩要越挫越勇

不要被一些小的事情打败，不要服输，越是困难，越能够看出我们有多大本事。不管困难大小，都是对自己能力的一种锻炼。男孩们，相信自己，一定可以。

心理悄悄话

冰心说过这样一句话："成功的花，人们只惊羡她现时的明艳。然而当初她的芽儿，浸透了奋斗的泪泉，洒遍了牺牲的血雨。"男孩们，希望这句话能够激励你们不断努力！

学会理解父母的辛苦

男孩们，静下心来，想一下这个问题：你是否去父母工作的地方看过？你是否懂得父母的辛劳？你是否总是对父母提出一些不合理的要求？你是否懂得什么是长大？你是否懂得自己该去做一些力所能及的事情？……这些都是生活中一些常见的问题，但是非常值得我们反思。总之，我们要懂得提升自己的生活能力，不要总是依赖父母，要懂得体谅父母。

周五放学回家，亮亮迫不及待地跑到爸爸面前说："爸爸，给我买一辆山地车吧，我今天已经看好价钱了，不贵，还不到一千元，我很喜欢。我好朋友王晨的爸爸上周已经给他买了，骑着真爽啊！"听完亮亮的话，爸爸半天没有作声，过了一会儿才说："亮亮，家里的情况你又不是不知道，你奶奶已经生病住院半个月了还是不见好，已经花了不少钱，家里没有多余的钱来给你买山地车了。"听到爸爸的话，亮亮就不乐意了："不就是几百块钱吗，爸爸，就算再没有钱，这点儿钱还是能拿出来的吧。你要是没有足够的现金的话，直接把你的信用卡给我就可以了，我可以刷卡。"听完亮亮的话，爸爸愣住了，这孩子根本不知道钱是怎么来的，一点儿也不体谅家人的辛苦，还要超前消费。爸爸暗暗叫苦，都怪自己平时生怕苦着孩子，所以到现在孩子压根不知道钱是怎么来的，看来不能再这样下去了。

生活中，这种情况真的是非常多，许多孩子会跟父母提一些超乎想象的要求，可是自己根本不知道父母背后的辛酸！他们总是理所当然地跟父母索要，根本不在乎钱是怎么来的。久而久之，就变得自私、任性、好逸恶劳，也不懂得感恩。

其实，男孩们，我们应该去看看钱是怎么挣来的，看看父母工作时的状态是怎样的。家长在自己工作的场所，恐怕就不像在家里那么随心所欲了。作为公司的职员，有时还得饿着肚子加班。只有在父母工作的地方，男孩们才能看到他们的另一面，才会明白自己的父母之所以饿着肚子工作，就是在为了全家而努力。即使当时自己没有这么想，多年以后的某一天，这个场景也会在自己的脑海中浮现出来。

男孩们，没有人会无缘无故地给你钱花，父母通过自己的汗水为我们提供好的生活，我们要懂得感恩与知足，同时也要懂得用自己的行为去报答他们，多为他们做一些事情。其实，如果条件允许的话，男孩真的可以到父母工作的地方参观一下，看看父母的工作环境，看看父母在工作中操劳的身影，这样才会加深男孩的认识，让自己真正地体会到，爸爸妈妈挣钱真的很不容易，自己要好好努力，不辜负父母的辛劳。

1.感恩父母

感恩的心会让你更懂得知足，会让你更懂得努力。不懂感恩的人，缺失的是做人的一种道德感。男孩们，不要觉得父母就该为我们操劳一切，我们已经长大，有能力了，我们要做的不是依赖，而是不断提高自己的能力，用双手去创造更好的未来。

2.体验赚钱的艰辛

男孩不要让自己变得太娇气了，可以利用假期的休息时间去做一些工作，尝试一下赚钱的滋味，体验一下生活的辛苦。

3.多做一些力所能及的事情

男孩们，生活中，我们能做的事情其实有很多。比如，在父母忙了一天回到家之后，我们可以给父母递一杯水，给父母拿拖鞋，或者跟父母一起做饭，还可以帮着父母做家务，体验家庭生活的繁琐和辛苦。

心理悄悄话

尊老爱幼是中华民族的传统美德，我们要从小养成尊敬长辈的好习惯。有些男孩可能因为处于叛逆期，有不尊敬父母，甚至和父母吵架的恶习。希望有这种行为的男孩尽快杜绝，懂得尊敬父母，倾听父母的心声，牢记父母的养育之恩。

路在脚下，脚永远在路上走

对于信念执着、脚踏实地去做事的人来说，"不可能"这三个字在他们的字典里是没有的，因为他们始终坚信一句话："世界上没有比脚更长的路。"是的，我们要相信，大多数困难都能克服，不愉快的事情总会过去。不管前方的道路多么渺茫，只要通过自己的努力，一步一步走下去，坎坷都将被你踩在脚下，而你的信念、理想、希望也将一一变成现实。

古老的阿拉比王国坐落在大漠深处，多年的风沙肆虐，使昔日富饶的城市变得满目疮痍，城里的人越来越少。

一天，国王将四个王子召集到一起，对他们说："我打算将国都迁往美丽而富饶的卡伦。卡伦离这里很远很远，要翻过崇山峻岭，要穿过草地、沼泽，还要涉过很多的大河，但究竟有多远，没有人知道。"

国王看了看他们继续说："我决定让你们四个分头前往探路。"

四个王子都惊异于国王的决定，但他们还是服从了命令，带上充足的物品出发了。

大王子乘车走了8天，翻过4座大山，来到一望无际的草地，他一问当地人，才知道过了草地，还要过沼泽、大河、雪山……便勒马往回走。

二王子策马穿过一片沼泽后，被一条宽阔的大江挡住了去路，望着奔涌的江水，他掉转了马头……

三王子漂过了两条大河，却又走进了一片无际的大漠，在茫茫的沙漠中，他搜寻着来时的路。

一个月后，三个王子陆陆续续回到国王身边，将各自沿途所见报告给国王，还特别强调，他们在路上问过很多人，都告诉他们去卡伦的路很远很远。

又过了6天，小王子风尘仆仆地回来了，他兴奋地报告父亲——到卡伦只需18天的路程。国王满意地笑了："孩子，你说得很对。其实，我早就去过卡伦了。"四个王子不解地望着国王——那为什么还要派他们去探路？国王一脸郑重地说道："我只想告诉你们四个字——脚比路长。"

男孩们，"脚比路长"，关键看你肯不肯去走，肯不肯付出努力。加油吧，做一个"在路上"的人。

1.坚定信念

男孩们，没有过不去的坎儿，没有达不成的目标，关键看你是否肯去努力。生活中，很多困难貌似强大的外表吓退了我们，使我们变得软弱无力，但只要我们鼓足勇气，坚定信念，很多障碍都会变得不堪一击。

2.勇于实践

任何困难即使再简单，如果不去尝试，那么你永远克服不了。所以，我们要敢于迈出自己的那一步，只有走出去了，你才能知道问题的深浅，才知道是否有能力去克服，才能不断地挑战自己、完善自己。

心理悄悄话

相信自己，人生掌握在你自己手中，不要在意你现在的环境，珍珠不是在海水里，而是在蚌壳中艰难孕育出来的。只要有一颗不平凡的心，并且为之努力，那么你就会有一个不平凡的人生。请记住：心有多大，舞台就有多大；人比山高，脚比路长。

远离懒惰，做个勤快上进的男孩

懒惰能给人带来一时的享受，让人觉得脱离了劳动的痛苦，可是这种心理带给你的享乐是长久的吗？其实，勤奋和懒惰之间只有一步之遥，关键看你如何抉择。如果选择了前者，后者将会被舍弃，随后而来的便是成功，反之，生活将索然无味。男孩们请记住：勤奋是懒惰的克星，是取得成功的秘密武器，也是每个人都应养成的好习惯。

很久很久以前，有一个农夫，在临终之前，他把四个儿子都叫到一起，告诉他们："爹马上就要走了，不能陪着你们了，我不确定我走之后你们是否能够过得比现在还好，我担心将来你们会受苦，因此，我在咱们家的那块地里，埋下了一坛金子，这是我一辈子积攒下来的。我死后，你们就把它挖出来分了吧。"

没多久，这位农夫去世了，他的四个儿子便一起去他们父亲描述的地里去挖金子。可是让他们感到奇怪的是，无论怎么挖也没找到那坛金子，他们怀疑是不是父亲记错了地方，于是翻遍了周围的很多地，可是始终没有找到那坛金子。儿子们失望了。当时，正逢播种季节，带着失望的心情，儿子们将几块地种上了庄稼。

几个月过去了，收获的季节来临了。

由于他们深翻了土地，地里的庄稼获得了前所未有的大丰收。此时，他们才明白父亲的用意。

这位农夫让儿子们明白了勤奋的重要性，勤奋的价值不能用金钱来衡量，金子虽然珍贵，但不能失而复得。男孩们，即使你有黄金万两，也总会有坐吃山空的一天。

在一个美丽的大森林里住着一群非常可爱的小动物，有一次，森林要举办一场才艺大赛，为此，伙伴们都在刻苦地练习，希望能在比赛中夺冠。

小猪是小马的好朋友，它们两个约好一起努力练习，共同进步。小马喜欢长跑，它每天都非常刻苦地练习，还不断向前辈请教跑步的技巧。到了早晨，小马不睡懒觉，坚持练习跑步，不管再苦再累都忍了下来。晚上，小马还废寝忘食地练习着。终于，功夫不负有心人，小马的长跑能力越来越强了。

小猪也想像小马一样努力练习。可是它总是太懒惰，觉得太辛苦，练不下去。早晨，太阳公公升上了天空，催促小猪赶紧练习，可小猪练了么？小猪还在睡觉呢！大赛来临了，小马获得了长跑第一名，小猪什么也没得到。

此刻，小猪感到很羞愧、很伤心，它说："看来只有勤奋才会有回报，懒惰的人总是一事无成。"

懒惰是成功的绊脚石，在充满困难与挫折的人生道路上，懒惰的人习惯于等、靠、要，从来不想去求知、发明、拼搏、创造，最终只能是一事无成。因此，我们要克服懒惰的恶习。那么，如何才能克服呢？

1.遇事不要拖延

我们要态度坚决地和懒惰作斗争，不要拖延。比如，坚持早起，坚持锻炼身体；今天的事情今天完成，坚决不推到明天；不要总依赖他人，自己的事情自己做……从小处着手，从一点一滴做起。

2.制订计划，自我监督

可以把自己内心的计划和目标落实到纸上。一段时间后，你就会发现，即使在很短的休息时间里，自己也可以做一些有用的事情。结果，每天学习就会成为生活的习惯。所有作业都严格按规定的时间保质保量完成，逐步养成今日事今日毕的好习惯。

心理悄悄话

男孩们，懒惰是一种严重的坏习惯，久而久之，就会让自己变得非常堕落。但是只要你决心与懒惰分手，在生活和学习中持之以恒，那么，美好的未来就是属于你的！

别睡懒觉，"垃圾快乐"在透支你的生活

"温暖的被窝是埋葬青春的坟墓。"这句话虽然听着有点儿吓人，可是事实就是这样的。特别是对现在的青少年来说，如果养成懒惰的习惯，爱睡懒觉，早晨总是赖在床上不起来，必定会影响自己的精神状态，做事情无精打采。

嘉豪今年10岁了，他的妈妈觉得孩子正处于长身体的时期，上学也比较辛苦，一定要有充足的睡眠，所以，当嘉豪赖床不起时，妈妈从不责怪他，而是任他睡到自然醒。

可是，渐渐地，妈妈发现嘉豪变得越来越贪睡、赖床，不仅没有因为睡眠充足而神清气爽，反而每天都懒洋洋的。

于是，妈妈带着嘉豪去看了医生，诊断结果是孩子没有任何问题。

但是医生也告诉嘉豪的妈妈："睡眠时间太长，对孩子的身体根本没有什么好处。因为睡过了头，大脑会处于被抑制的状态，大脑的兴奋性反而会降低，因此会头昏脑胀、萎靡不振。如果长此以往地纵容孩子睡得过多，可能会引发'周期性嗜睡症'或'发作性睡眠症'。"妈妈听了医生的警告，从第二天起，早上6点半准时叫孩子起床，培养他良好的生活习惯。

其实，这种情况并不少见，很多孩子养成了懒惰、嗜睡的习惯，长久下来，真的会影响自己，让自己变得越睡越懒。此外，很多孩子还有晚睡早起的情况，这种不正常的作息习惯也对学习生活极为不利，韩林就是一个典型的案例。

每天完成作业之后，韩林都要玩电脑、看电视，不到十一点钟，不会躺在床上。

爸爸每每站在他身后，催他早点儿去睡觉，韩林都会说："我已经做完作业了，玩一会儿，就一小会儿。"

爸爸看着孩子赖皮的样子，也希望他能在紧张的学习之余轻松一下，便不再说什么。但是，时间一长，爸爸收到了韩林班主任的反馈："韩林上课经常瞌睡，难以集中精力。"

爸爸认识到了晚睡早起对孩子学习造成的影响，于是与韩林一起分析他学习退步的原因，告诉他："你之所以在课堂上哈欠连连，无法正常听讲，都是由于头天晚上休息不好。"

韩林在爸爸的指导下，也认识到了坏的生活习惯会影响自己的生活。"我一定会早睡早起，用好的精神状态去上好每一堂课。"

于是，爸爸帮助韩林制订了生活作息时间表，每天严格遵守上面的时间安排，早睡早起，精力充沛。

此后，韩林的学习效率有了显著的提高。

男孩们，想要有所作为，必须有健康的身体和旺盛的精力，想要保持健康的体魄和旺盛的精力，就必须养成好的作息习惯，整天睡懒觉或者熬夜晚睡对自己都是极为不利的。所以，克服懒惰，形成良好的作息，才能健康有活力。

1.寻找一个好榜样

男孩们，如果自己意志力不强，我们可以把一个勤奋的同学作为榜样，向他看齐，带动自己一起努力，也可以寻求他人监督，慢慢地养成好的习惯。

2.早睡早起很关键

睡眠不足也是不行的，男孩应该在规定的时间里睡觉。所以，不要放纵自己晚上长时间看电视、玩游戏等。即使看书也应到时间就停，否则，白天没精神、嗜睡，就没有好的精神状态来学习了。

心理悄悄话

睡眠不能太多，要养成早起的好习惯。经过一夜安睡，人在清早起床时会耳聪目明，头脑清醒，精力充沛，因而，无论做什么事情都会有兴趣，也会有好的效果。

第10章

独立自主，有主见的男孩有更好的未来

说起主见，大家都不陌生，有主见的人不会人云亦云，也不做他人的应声虫，否则就是失去了自己独立思考的能力，失去自己独有的特色。我们可以参考别人的意见，但不要被其禁锢，在选择的岔路口，最重要的是聆听自己的声音，因为我们是为自己而活。男孩们，如果总是习惯于依赖父母、亲朋，那么你该如何迈开自己的脚步呢？你要记住，想要成为一名真正的男子汉，就必须做一个有主见、有思想的人。

通过选择，学会做自己

生活中处处需要选择，我们不能像小时候那般依赖父母，希望父母什么都替自己做主，其实，这样会逐渐丢失自己的思想，成为一个没主见的人。我们要记住，理智、坚决地选择最适合自己的才是最重要的，尽管有时它并不是最好的。

小雨马上就要毕业了，初次踏入社会的她要面临找工作的问题了，面试了几家公司之后，她幸运地被一家咨询公司和一家物贸公司同时录取了。其实，这个结果真的是挺令人羡慕的，因为这两家公司都非常出名，一般刚毕业的大学生很难被录用，而现在她居然同时接到了两家公司的录取通知，确实很了不起。

班主任老师问她："小雨表现不错呀，竟然被这两家公司录取了，想好怎么取舍了吗？"

小雨说："我准备去那家咨询公司，我的朋友都认为我适合做咨询工作。"

可是随后几天，小雨来上课，班主任老师问她："适应新环境吗？那里还不错吧？同事间相处的可以吧？"

小雨说："哎，老师，我压根就没去呢！我叔叔说，另外那家物贸公司发展潜力非常大，我在那里能够有很大的进步空间，学到很多东西，还能拿到相当优厚的薪水，我已经改变主意了，决定去物贸公司。"

可是两天之后，小雨又找到老师说："老师，我去咨询公司还是那家物贸公司呢？现在我已经迷糊了，真的不知道选择哪家才好。"

这时候，老师才是真糊涂了，问她："之前你不是已经选择好了吗？为什么又出现了变化呢？"

小雨说："我的朋友说我不适合做物贸工作，他们认为我还是应该做咨询工作。所以，我希望您能给我一些建议，帮我选择一下。"

这时候，班主任老师笑了，他语重心长地对小雨说："小雨，你要明白，选择的问题最终还是要靠自己，我也只能给你一些自己的看法和建议，但是不能帮你选择。你要记住，无论做任何事，最后的选择权都是你自己的，你不能只听别人的意见，而自己一点儿想法都没有。"

最后，班主任老师问小雨："你到底喜欢哪一份工作呢？你认为你干哪种工作更有发展呢？"小雨想了想说："我还是喜欢咨询工作，我有耐心，也愿意帮助别人，所以咨询工作比较适合我。物贸工作需要和很多陌生人打交道，我做起来可能很吃力。"

班主任老师肯定地点了点头，说："看来你还是很了解自己的，知道自己什么方面是优势，什么方面比较欠缺，可是既然这样，你为什么总是希望他人为你作出选择呢？你要记住，你要做一个有主见的人，这样你才能变得更成熟。"

在现实生活中，不知道你们是否也是这样，其实这种情况屡见不鲜，很多人不仅大事做不了主，就连小事也去一遍遍地请求别人帮忙拿主意。每个人都有不同的看法，所以到最后自己都迷糊了，根本不知道听谁的好。男孩们一定要记住，咨询别人的意见是好的，但是完全听从别人的意见就大可不必了。

不要总是事事寻求帮助，要学会自己作选择，这是一个成熟男孩必备的素质。

1.从点滴小事做起

不要认为小事情不值一提，你如果连小事都做不好，哪有能力去做更大的事呢？男孩们，我们要懂得从生活中的小事做起，比如：当你在做作业的时候有人叫你去玩游戏，你就要想好，是认真做完作业之后再去做其他的事，还是选择游戏舍弃当前的事情？这些不起眼儿的小事，都能影响你的决策能力。

2.认清方向

无论是生活还是学习，都处处面临着选择，选择就是让我们认清方向，如此才能避免误入歧途、浪费时间。人生的旅途中，有很多岔路口，一不小心就可能走冤枉路。所以我们既要敢于作出选择，又要慎重对待自己的每一次选择。

心理悄悄话

男孩们，我们已经长大了，不是妈妈怀里的小孩子了，所以我们要学会自己作决定。我们不能丧失自己的主见，完全听从别人的建议，把决定权交给别人。要有自己的想法，学会自己作选择，这样我们才能变得更成熟，成为一个小小男子汉。

男孩，努力做最好的自己

人有很多事情要做，做人、做事努力认真的人是值得人尊重的。问题的关键不在于你干什么,重要的是你是否能够做最好的自己,因为无论在什么位置都会有人做到优秀、极致。

曾经有个小男孩,他家境贫寒,从小父母离异,跟着妈妈一起生活,住的房子又小又破,生活环境非常艰苦。上学的时候,同学们总是笑话他脏兮兮的,不愿与他亲近。他也不喜欢学习,总是调皮捣蛋,所以,他的母亲是学校的"常客"。

可是,他有一个很大的爱好,非常喜欢拳击和武术,很多时候,他会死守着电视里的比赛不放。生活中,他还喜欢模仿学习那些高手的拳术,不仅练过咏春拳和铁砂掌,还背着母亲练过泰拳。他最喜欢的武术是李小龙自创的"截拳道"。他置学业于不顾,天天忙着练功夫。因为跟同学打架,他经常遭到母亲的责骂。当时,他最大的理想就是成为李小龙第二。于是,他报考了体校,可是,因为身体素质太弱而落选。

后来,他找到第一份做助理的工作,可是随后就被辞退了。接着又是一份份的工作,他都没待太久……

1982年,他在朋友的介绍下,进入香港无线电视艺员训练班夜训班学习。1983年顺利毕业,成为香港儿童节目主持人。这份工作,他一干就是四年。媒体曾经发表过一篇报道,认为他的才能有限,要想继续在这个圈里打拼,只能做儿童节目。这样的评价非但没有令他垂头丧气,反而激发了他的斗志。他把这篇报道剪下来贴在自己的床头,举着拳头告诉自己:我一定要不断努力,闯出一番天地,让别人对我刮目相看!

自此之后,他更为积极努力地对待生活,不断提升自己,希望在演艺方面有所成就。刚开始,他只是一个跑龙套的,每天都在片场转来转去,什么角色他都愿意尝试。对他来说，那段时间是最为艰苦的。然而，他并没有放弃，也从来不去羡慕别人。他相信，只要一步步去做，一定会成就最好的自己！

在所有的角色中，他记忆最深刻的就是演死尸。当再次谈起这个时，他笑着说："虽然事先已经做好预防措施，但还是会感到被大火灼烧的痛感。"随后的一段时间，他终于用自己的努力和坚持让自己逐渐有了名气。他用一种荒诞不经、另辟蹊径的"无厘头"式表演，真实细致地揭示了市井小人物的矛盾和挣扎，在喜剧表演中一枝独秀。

虽然没有成为第二个李小龙，可是他创造了香港喜剧表演的一个奇迹，至今仍为大众喜爱、追崇，他就是周星驰。

曾经有人问他成功的秘诀，他说："没什么秘诀，我只是尽最大可能做好自己。"是的，在最艰难的时刻，他始终不放弃自己，成功就来自他的这种精神，这是对自我的一种准确认知，是坚持做最好的自己的一种良好的证明。

男孩们，或许你在人群中不是最好的、最优秀的，可是请你记住，你不需要成为人群中的"最好"，但要成为最好的自己。

1.不要怕嘲笑，保持好心态

每个人都有表达自己意见和观点的权利，如果别人嘲笑也是他们观点的表达，那也是可以理解的。我们阻止不了别人的言行，但可以控制自己的心态。遭遇别人的嘲笑，不生气、不较真，而是努力做好自己，通过自己的努力让梦想成为现实，到那时，别人就找不到任何理由来嘲笑我们了。

2.自信心是不可缺少的

我们都有自己的闪光点，男孩们不要自卑，相信自己，敢于呈现真实的自己，而不是刻意地去模仿别人。也许你在某一方面做得不好，但是相信你在另一方面会非常突出。总之，你是独一无二的，是无可替代的。珍惜你所拥有的才能，这才是真正适合你的，是只属于你的美丽！

心理悄悄话

有位作家说得好："自己把自己说服了，是一种理智的胜利；自己被自己感动了，是一种心灵的升华；自己把自己征服了，是一种人生的成熟。但凡说服了、感动了、征服了自己的人，就有力量征服一切挫折、痛苦和不幸。"一个人只有在生活中确定能很好地做自己，做最好的自己，才能越来越优秀，才能超越自我，成为一个了不起的人。

摆脱依赖，做个独立的男孩

依赖是一种慢性毒药，会让你慢慢失去自己处理事情的能力。一般来说，小时候我们对父母的依赖心理比较严重，可是长大了，身上总归要承担一定的责任。依赖别人，意味着放弃对自我的主宰，这样往往不能形成独立的人格。他们容易失去自我，遇到问题时，自己不积极动脑筋，往往人云亦云，易产生从众心理。

小海今年上初一了，一直都很听话，也不惹是生非，是父母和老师眼里的乖小孩。在学校，与同学相处得也非常融洽，极少产生摩擦。但是小海有个大家都了解的特点，那就是他总是喜欢说"都行"，无论什么事，父母征询他的意见，他总是顺溜地说出自己的意见——都行。起初，父母觉得这是因为孩子随和、心不在焉。可是，有时候你"都行"了，他好像还是不太高兴。

有一天下午放学回家，妈妈问小海："小海，今天想吃什么呢？"

结果小海还是很随意地说了一句："都行。"

既然这样，妈妈就去厨房里忙起来了，随后做好了饭，叫小海出来吃。没想到，小海一看就不高兴了，低声气哼哼地说："天天吃这个，我真的不想再吃了。"

妈妈看到小海不太开心，就对他说："每次问你吃什么，你都无所谓，好像什么都可以，自己也不说想吃什么，做了你又不爱吃，如果想吃什么你就直接说出来就好了呀。"

听到妈妈这样说，小海心里很难过，他低着头说："其实，我也不知道自己想吃什么。"

后来，经过爸爸妈妈的仔细观察，他们发现小海在很多问题上喜欢说"都行"，总是表达不出自己的观点，也不自己作决定，就直接听从他人的安排。比如：小朋友一起玩游戏，大家提议玩什么游戏，他从来都是随大流；周日出去玩，爸爸问他去公园还是去游乐场，他也说都行；问他先吃饭还是先喝汤，他也说都行……

有些父母以为小海这样的孩子没那么多事，好养活。殊不知，"都行"就是孩子最大的毛病，这表明孩子缺乏责任心和自立意识，是一种很不负责任的行为。

虽然小海很听话，是众人眼中无可争议的乖小孩，但是这并不是一件好事。虽然你告诉他的事情，你要求他的事情，他都会不折不扣地完成，但是，渐渐地，这样的"听话"就会发展成缺乏主见。

是的，我们每个人都是独立的个体，我们需要有自己的思想，学会自己去主动处理一些事情，不要总是依赖他人、听从安排，这样我们会丧失自己内心的主心骨。

1.克服自己，少说"随便、都行、无所谓"之类的话

很多人总喜欢说"随便、都行、无所谓"之类的话，任何事情都不喜欢自己拿主意，慢慢地，这种懒惰心理就会把自己变得随大流、人云亦云。所以，遇到事情，我们要学会思考，要敢于说出自己的想法，这样才能不断地培养起自己的独立能力。

2.尽量少去问他人

有的男孩遇到事情，第一反应不是想想自己该怎么做，而是直接去问父母或朋友，这就是典型的依赖心理。如果有事情需要自己拿主意，我们要先冷静下来，不要浮躁，学会分析问题，考虑一下这样做有什么后果，那样处理是否得当，然后权衡一下，自己选择，哪怕分析错了，也是一种积累经验的过程。

心理悄悄话

我们不难发现，有依赖心理的人往往缺乏自信，自我意识较弱。所以，自己能做的事一定要自己做，自己没做过的事要锻炼自己去做，这样才能培养起自己的独立意识。

忽略他人的声音，走自己的路

所谓"一千个读者就有一千个哈姆雷特"，人与人之间的思维可以说是千差万别。所以我们要保持自己内心的坚定，做一个有主见的人，不要因为他人的看法而丧失了自我。我们真的没有必要为了某个人或某些人的目光而活，就算别人指责我们、否定我们，也并不代表我们就是一个失败者。当我们觉得自己的判断或是所做之事是正确的，就没有必要因为别人的指责而将其全盘打乱。

初中二年级2班有一个学生叫李小刚，他是班里公认的"麦霸"，不管多么难的歌曲，他都能唱得那么自然而又动听。有一次，学校举办歌咏比赛，他连预选都没参加，直接被班主任王老师保送进决赛。但是，李小刚面对全校师生，一张张不熟悉的面孔让他顿时精神紧张，他在比赛中完全没有发挥出应有的水平，成绩非常靠后。这件事过去很长时间了，他还在为此郁郁寡欢。

男孩们，看完这个案例，相信大家都有所触动，因为很多时候，我们又何尝不是这样呢？我们是否太在意别人的看法？有时候，就连别人一个眼神儿也会引起我们的思虑，别人多看你一眼，你便觉得他对你有敌意；别人少看你一眼，你又认定他是故意冷落你，给了自己一些"他可能对我很失望""他肯定在笑话我"的心理暗示。其实有时候，对方并无此意，完全是我们自己想多了。

所谓"走自己的路，让别人说去吧"。男孩们，要想成就一个独特的自己，就要养成自己的个性，不要太在意别人的眼光，也不要因为别人说什么就丧失自信。

男孩们，总是生活在别人的评价里，是可悲的，也是非常疲惫的，有自己的主心骨，不要过于纠结那些无谓的"眼神"或"讥讽"。

1.学会自己分析事情

太在意别人的看法就是没有自己主心骨的表现，也体现了自己分析问题、处理问题、作出决策等各方面的能力还不够强大。一个人如果经常留意生活中的某些事情，能经常分析某些事情，不仅能丰富自己的阅历，还能提高自己处理事情的能力。

2.转移注意力，不要去想别人的看法

当你感觉别人在用不一样的眼光看你或者议论你的时候，你不要去仔细地听他们具体说什么，继续做自己的事情，学会转移自己的注意力，把思想集中到自己的身上，否则你将什么都做不好。

3.先想好再问别人

在拿不定主意时，要尽量先想好自己的主意，再去问别人的意见，最后由自己作决定。一旦养成了这样的习惯，遇事有主见的能力自然就会提高，久而久之，就不会遇事没主见。

心理悄悄话

人要成大事，就必须如一句格言所说："走自己的路，让别人去说吧！"当然，这并不是说独立思考就不去认真听取别人的意见。如果别人的意见有可取之处，哪怕是来自"敌人"的意见，也应该认真听取。

要有主见，但别太固执

有自己的想法，有自己的主见，这是好事，也是一种做人的良好素质，可是如果有主见超过了一定的限度，就容易发展成为固执，也就是所谓的"固执己见"。我们应该知道，在许多事情上，固执己见是一种不懂得变通的表现，极易导致失误，甚至会害了自己。在你人生奋斗的途中，当有人向你提出某些方面的警告，一定要学会理智地分析这些警告的真正含义。一方面，不要因他人的错误劝解而放弃自己的目标；另一方面，也不能面对对方的善意且正确的规劝而无动于衷，固执己见。

有这样一头小毛驴，它非常自以为是，高傲得不得了。它总是觉得自己学识渊博，懂得各方面的知识。当别人向他提出善意的劝告时，它总是摆出一副很不以为然的样子。就连主人吩咐的话，它也很不乐意听。

有一次，主人牵着这头小毛驴，让它驮着一袋粮食。主人拉小毛驴往左走，它偏偏不肯，就是要往右走。走在大街上，人来人往，主人想着在这里不好教训它，只好随着它去。

终于走出这条热闹的街市，他们来到一条小路前，小路弯弯曲曲，前方一直延伸到高山的山腰上去。走到山腰时，主人紧紧地拽着缰绳，拉着小毛驴往前走。可是小毛驴又使起性子来，主人让它往左走，它就偏要往右走，主人拉它往右拐，它就偏要往左拐。眼看要走到山路最陡峭的地方了，主人小心翼翼地拉着小毛驴，引导着它往前走，可是小毛驴还是固执己见，按着自己的想法来，想往左就往左，想往右就往右。这可把主人给气坏了，主人一怒之下大骂道："你这只笨驴，你懂什么呢！你再往边上走就要掉到悬崖下去了！还不快给我走过来点儿！"

说着，主人用力把小毛驴往山路里侧拉了拉。小毛驴听见主人骂它什么都不懂，于是也生起气来，越发和主人对着干。主人让它往里走，它就偏要往外走。突然，小毛驴前脚踩了个空，打了个趔趄。眼看小毛驴就要掉下山了，主人连忙拉住缰绳，一边还指挥着小毛驴："后脚踩稳了，前脚尽力往上攀！"可是，已经这时候了，小毛驴还是固执己见，不听主人的劝告。主人见小毛驴依旧不按照他的意思去办，也无可奈何，加上小毛驴又驮着一袋粮食，那么重，单靠自己一个人的力量肯定也没办法把小毛驴拉上来。于是，主人只好松了缰绳，小毛驴便重重地摔下山崖了。

男孩们，看完这个故事，你得到了什么启发呢？在生活中，我们要有自己独到的见解，可是不要太固执，因为我们自己的观点不一定都是对的，此时就要学会慎重地分析问题。如果能发现错误，我们也要学会采纳别人建议，不断纠正自己。如果发现自己的观点并没有错，那么就要继续坚持自己的看法，只有这样，才能更好地指导自己的行为，使自己在学习中不断进步。

1.不断地反省自己

男孩们，如果弄不清楚自己的决定是否正确，那么你就应该自我反省。可以这样想一下："这件事情我有没有太偏激、太固执的地方？别人的说法也有一定的道理，我还有需要改善的地方，这点以后要注意。"

2.去实践一下，看看谁对谁错

正所谓"实践出真知"，当自己的决策被别人说成是"顽固不化"的时候，你不妨自己去实践一下，这样，你才会知道别人说的话到底有没有道理。

心理悄悄话

培根曾经说过这样一句话："一个最可恶的人，是一切行动都以自我为中心的人。"因此，我们要摒弃以自我为中心的思想，不要执迷不悟，做一个有主见且能听得进别人意见的优秀少年。

第 11 章

直面挫折，学会从失败中汲取经验

困难是欺软怕硬的，你越畏惧它，它越威吓你；你越不将它放在眼里，它越对你表示恭顺。所以，要想做一名勇士，就要勇敢面对你所经历的一切。男孩们，我们要有一种不抛弃、不放弃的精神，把逆境当作是成长的试金石，把挫折看作是成功的踏板，就算再艰难，我们也要坚强应对。勇敢一点儿，相信你一定会打破自己的极限，用信念和意志攻克一道道难关。

再苦再难也要坚强

贝多芬是世界著名的音乐家,但他成长之路一直很坎坷。

童年时,贝多芬是在泪水浸泡中长大的。家庭贫困,父母失和,造成贝多芬性格严肃、孤僻且倔强,在他心中蕴藏着强烈而深沉的感情。他从12岁开始作曲,14岁参加乐团演出并领取工资补贴家用。到了17岁,母亲病逝,家中只剩下两个弟弟、一个妹妹和已经堕落的父亲。不久,贝多芬得了伤寒和天花,几乎丧命。尽管如此,贝多芬还是挺过来了。他对音乐酷爱到离不开的程度。在他的作品中,有着他生活的影子,既充满高尚的思想,又流露出对人间美好事物的追求、向往。对美丽的大自然,他有抒发不尽的情怀。

对贝多芬而言,最大的不幸,莫过于28岁那年的耳聋。先是耳朵日夜作响,继而听觉日益衰弱。他去野外散步,再也听不见鸟儿的歌声了。从此,他孤独地过着聋人的生活,将全部精力用于和聋疾苦战。贝多芬活在世上,能理解他的人太少了,而唯一能给他安慰的只有音乐。他作曲时,常把一根细木棍咬在嘴里,借以感受钢琴的振动,他用自己无法听到的声音,倾诉着自己对大自然的挚爱,对真理的追求,对未来的憧憬。著名的《命运交响曲》就是他在完全失去听觉的状态下创作的,他坚信"音乐可以使人类的精神迸发出火花"。"顽强地战斗,通过斗争去取得胜利",这种思想贯穿了贝多芬作品的始终。

男孩们，伟人的光环让我们每个人羡慕、崇拜，可是他们背后的故事更让我们惊叹。我们应该从贝多芬等名人身上学习他们的这种精神，不管遇到什么困难都要坚强地应对。

1.努力提高自己

要努力提高自己，让自己有一技之长，努力成为一个能者，能者才能更加乐观地面对困难。我们要多学习一些知识，多看书，从书中汲取力量，培养乐观的心态。此外，懂得的东西多了，应对问题才能更加地从容，更有底气。

2.有吃苦耐劳的精神

男孩们，吃得苦中苦，方为人上人。学习不是一时的事，我们要想在学习中不断取得进步，就需要有吃苦耐劳的精神，要不怕苦、不怕累。比如，坚持锻炼、早起读书、认真完成作业……这些都需要严格要求自己，切忌半途而废。

心理悄悄话

男孩们，现在的生活条件越来越好，我们不要养成一些坏习惯，不要过分依赖父母，遇事退缩，不管不顾。长期下来，最后吃亏的还是你自己。

突破极限，让你拥有无限可能的人生

孟子曾经说过："天将降大任于是人也，必先苦其心志，劳其筋骨，饿其体肤，空乏其身，行拂乱其所为，所以动心忍性，增益其所不能。"自古圣贤多磨难，很多时候，没有经历磨难，往往难成大器，而很多成功人士正是勇敢地跨越了生活的坎儿，才在事业上取得惊人的成就。男孩们，不要害怕前方的黑暗，勇敢一点儿，你一定会打破你的极限。

　　凯文有着一个悲惨的童年，那可以说是一段惨痛的人生经历。在他10岁的时候，他的母亲因为生病而永久地离开了他，又因为凯文的父亲是个长途汽车司机，经常不在家，也无法提供凯文正常的生活所需，因此，凯文就必须自己学会洗衣、做饭，并照顾自己。

　　即便如此艰难，他人生中的不幸并没有到此为止。凯文母亲去世七年之后，他的父亲也在一场车祸中离开了人世。一时间，天好像塌了下来，母亲走了，父亲也走了，凯文连一个至亲都没有，往后的日子里该如何生活。他已经感到了绝望，因为他不敢想象自己能否勇敢地去面对这无依无靠的人生。

　　过了一段时间，凯文终于走出了伤痛，决定要努力勇敢地活下去。只是噩梦还没有结束，在凯文走出悲伤，开始独立养活自己之时，却在一次工程事故中，失去了左腿。

　　然而，一连串的意外与不幸，反而让凯文形成了坚强的性格。从此之后，凯文开始锻炼自己的能力，他学着用拐杖走路，哪怕一次次摔倒，他也决不请求帮助，慢慢地，他的自理能力逐渐提高。最后，他算了算所有的积蓄，正好足够办一个养殖场。

　　就这样他以自己残疾之躯，克服一切困难，将自己的人生经营得风生水起。

　　男孩们，相信这个故事会给你带来很多启发。每个人都有无限的潜能，只是很多人在困难面前却表现得极为被动，因为他们没有一颗勇敢的心来面对挑战，打破自己的极限。

1.咬牙做自己不爱做的事情

遇到一点儿小挫折就想逃避？这时候，你应该咬紧牙关，督促自己去做不喜欢的事情。万事开头难，只要挺过开始的艰难时期，光明就会出现。比如，一个想晨跑的人，一开始可能觉得早起是难以想象的苦差事；可当他坚持一个星期、一个月后，他就会觉得那些爱睡懒觉的人，是在浪费大好时光。

2.自我鼓励，我们还可以往前迈进

很多时候，只要往前再跨一步，你就能到达成功的彼岸，关键是你能否坚持去跨越这最关键的一步。男孩们，学习中也是如此，当你遇到困难失去耐心的时候，要学会鼓励自己，告诉自己再坚持一下，成功就会离你越来越近。

心理悄悄话

勇敢地面对挫折，即使身陷黑暗的深渊，也有重回光明的一天。挫折就是生活给我们的考验和历练，只要承受住了，那么我们今后的人生将会变得更加精彩。

每个人都是在失败中成长起来的

小语刚学溜冰，小心翼翼，战战兢兢，但还是摔得四脚朝天。小语伤心地坐在地上，眼泪汪汪地看着别人优美的姿势。

这时候，好友芷云滑到小语面前，将她扶起来，亲切地对她说："小语，溜冰要不怕摔跤。这可是一项从摔跤中走向成功的运动。从现在起，你准备好摔五十跤，然后你就会溜了。"

小语："真的吗？"

芷云肯定地点点头。

于是，小语坚定地站起来，迈开了步。

一跤，二跤……每跌一跤，小语前行的脚步就越发坚定，她明白，这一次次的失败就是为最后的成功做铺垫的。

数到二十跤的时候，小语便再也不用往下数了。

的确，当你从心底里接受失败，不怕失败，你就会变得更加强大，就不会被失败绊倒，也就能透过失败看到成功，透过黑暗看到光明。任何努力都需要一种动力，一种光明目标的指引。

男孩们，失败不可怕，可怕的是你被失败打倒而不知道爬起来继续前行。因此，我们要保持一颗向上的心，以积极乐观的心态对待生活，即使是在挫折中失败，也要懂得从头再来。

1.要有从头再来的气魄

男孩们，失败是很正常的事情，不单是你，所有人都经历过，即使是历史上那些伟人。所以，我们不要气馁，也不要放不下，我们要做的就是从头开始，争取下次成功。比如，在一次考试中，我们可能因为各种原因退步很多，但是如果一味地沉浸其中，只会让你下次又以失败告终。我们要吸取教训，找出问题，不断努力，争取下次取得更大的进步。

2.坚持就是胜利

俗语说："功到自然成。"按理说，那些失败者完全可以尝到胜利的喜悦，但他们往往缺少一项胜利的必要条件，那就是坚持。男孩们，学习是一个持之以恒的过程，不能"三天打鱼，两天晒网"，这样怎么可能取得好的成绩呢？

心理悄悄话

哪里跌倒就要从哪里爬起来，相信男孩不会轻易服输。J·K·罗琳曾说："失败意味着剥光所有无关紧要的东西。我失败后，不再假装我是某种其实我不是的人，而开始将我的精力投入我真正在乎的工作。"男孩们，我们要有越挫越勇、从头再来的气魄，这样才是真正的男子汉！

挫折是成功的入场券

翔翔从小就是个品学兼优的好孩子，而且一直担任班长。可是，到了小学五年级班干部换届选举的时候，翔翔却没能当选。原因竟然是同学们认为他的工作能力不够强。

对于这样的"遭遇"，翔翔难以接受。回到家后，他委屈地向妈妈哭诉了事情的原委，并告诉妈妈自己再也不想上学了！

不管妈妈怎样劝说，翔翔就是把自己关在房间里，既不出来吃饭，也不听妈妈的劝告。

现实生活中，像翔翔这样不堪一击的孩子并不少见。这多是因为他们一直生活在优越的环境中，生活总是非常顺利，可是如果遇到一点点不顺心的事情，就感觉无法接受。情况较轻的，他们会感到非常失落；情况严重的，他们会做出伤害他人或自己的行为！

男孩们，我们要明白，生活中遇到挫折是很正常的，所以没必要感觉天塌了似的难以承受。遇到事情要敢于战胜内心的恐惧，尽快从失败的阴影中挣脱出来。只有这样，才能更好地去面对生活，迎接新的挑战。

曾经有一个渔民，他的捕鱼技术可以说是无人能敌，周围的人都非常佩服他。长时间下来，依靠捕鱼他攒下了一笔可观的家产，生活非常富足。可是这一切并没有让他感到多么高兴，因为他的儿子们并不擅长捕鱼，即使他用尽全力，孩子们的技术还是没有长进。

于是，他经常向人倾诉心中的苦恼："我真想不明白，我捕鱼的技术这么好，我的儿子们为什么学不会？我从他们懂事起就传授捕鱼技术给他们，从最基本的东西教起，告诉他们怎样织网最容易捕捉到鱼，怎样划船最不会惊动鱼，怎样下网最容易'请鱼入瓮'。他们长大了，我又教他们怎样识潮汐、辨鱼汛……这么多年，我积累下来多少宝贵的经验哪！我把这一笔宝贵的财富一点一滴毫无保留地都传授给了我的儿子们，但是他们怎么就不长志气呢？他们的技术还不及那些普通渔民的孩子呀！"一位路人听了他的诉说后，问："你一直手把手地教他们吗？"

"是的，为了让他们学会一流的捕鱼技术，我教得很仔细、很有耐心。"

"你是让孩子们一直跟着你学的吗？"

"当然，要不孩子们会多走很多错路、弯路，跟着我学习，他们就会省去很多不必要的麻烦。"路人说："这样说来，你的错误就很明显了。你只是传授给了他们技术，却没有传授给他们教训。对于才能来说，没有教训与没有经验一样，都不能使人成大器。"

挫折就一定是坏事吗？人们往往把人生中经历的大小磨难看作是纯粹消极的、应该完全否定的东西。当然，外界的折磨不同于主动冒险，冒险有一种挑战的快感，而我们忍受折磨总是迫不得已的。清代金兰生在《格言联璧》中写道："经一番挫折，长一番见识；容一番横逆，增一番器度。"其实，我们所经受的那些苦、那些痛，并没有自己想象的那样可怕，它是一种力量，是一种催人奋进的力量。如果人生一路都是坦途，那只能像渔夫的儿子那样，沦为平庸之人。

男孩们，挫折是成功路上必经的一个过程，经历了风霜，你才会被磨炼得更为坚强。

1.信心相伴，一路才会更勇敢

办法远比困难多，我们要对自己充满信心，因为有信心才会有接受挑战的勇气和力量。男孩们，或许你的成绩一直非常优秀，如果偶尔出现滑坡，你也不要自暴自弃，你要做的就是从中汲取教训，然后带着高昂的斗志和坚定的信心迎接下一次的检验。

2.承受的越多，你学到的才会越多

遇到打击时，你如果坚持不住，放弃了，那么就注定失败。如果敢于承受起这份重压，迈着步子继续前行，那么你从中收获的将是你意想不到的。男孩们，"天将降大任于是人也，必先苦其心志"，相信你会在经历了一次次风雨后，成为打不倒的男子汉！

心理悄悄话

男孩们，锋利的宝剑需要心血与烈火的淬炼；绚丽的彩虹在狂风暴雨后才会出现。让我们直视挫折、磨炼，坦然而勇敢地面对，谱写出我们人生最华丽的篇章！

跨越逆境，勇往直前

生活充满着各种各样的色彩，不可能是单一的欢乐或痛苦，不同的经历带给我们不同的生活体验。有顺境，当然也有逆境，一帆风顺的人生是不可能的。即使是那些闪耀着光芒的名人，他们在成功的道路上也历经了不少的挫折和磨难，进行了无数的挣扎与反抗。所以，当我们遇到挫折时，不必怨天尤人，而是要勇于面对逆境，积极地与逆境抗争。所谓"谋事在人，成事在天"，在这个世界上，谋事者芸芸众生，成事者寥若晨星。你如果不去拼搏，那又怎么能成事呢？总之，逆境和挫折其实是检验你能力如何的一个很好机会，越挫越勇才能成就不一般的自己。男孩们，或许你经历过一些不如意，或许你在逆境中苦苦挣扎过，不要怕，相信自己，因为只有在艰难的时刻，你才能更加清楚地知道自己到底有多优秀。请你记住：不论遇到什么挫折，身处怎样的逆境，都不能放弃。

有这样一个男孩，他出生在美国的波士顿。3岁时，他失去了自己最亲的人，成了一个可怜的孤儿。后来，当地一位做烟草生意的商人收养了他，并送他上学读书。善于经商的养父始终不理解爱写诗的他，更不喜欢他，常常骂他是个"白痴"。长大后，他的浪漫不羁与养父的循规蹈矩形成了鲜明的反差，两人不可避免地发生了激烈的冲突，最终，他被赶出家门。

后来，他进了美国西点军校就读，酷爱写诗的他竟然无视校规，不参加操练，而被军校开除。从此以后，他用写诗来打发自己的时光。

26岁时，他遇见了生命中最重要的女人——表妹维琴妮亚。两人不顾世俗的眼光与阻挠，相爱并很快结婚。这是一段令他刻骨铭心的时光，也是他一生中最难以忘怀的美好回忆。

婚后，因为贫困潦倒，他们甚至连每月的房租都无法支付，常常饿着肚子。体弱的妻子因为不堪重负而病倒了，他只能眼睁睁地看着，无能为力。很多人嘲笑他、讥讽他，说他是个十足的"穷鬼"，连自己的妻子都养活不了，而他的妻子面对人们的讥笑，始终对他不离不弃。

在这样困苦的环境中，酷爱写诗的他始终没有放弃手中的笔，每天都在疯狂地写诗，将自己对妻子的爱深深地融入文字中。他渴望有朝一日能改变现状，让妻子过上好的生活。就是这种强烈的渴望支撑着他，让他忘记痛苦，忘记世间所有的不快，一心只想着要"成功"，要"奋斗"。

然而，尽管他从未放弃努力，但深爱他的妻子还是带着眷恋与不舍离开了他。几近崩溃的他忍着悲伤的泪水，把对妻子所有的爱恋都付诸笔端，终于写出了闻名于世、感人肺腑的经典诗作《爱的称颂》，并最终获得了巨大的成功。

"每次月儿含笑，就使我重温美丽的'安娜白拉李'的旧梦；每次星儿升空，就像是我那美丽的'安娜白拉李'的眼睛，因此呀！整个日夜我要躺在——我爱，我爱，我生命，我新娘的身旁，凭吊那海边她的坟墓……"如此深情的诗文，让人感动、难过，想必他的爱妻如果泉下有知，也该感到欣慰了。

男孩们，故事中的人物就是爱伦·坡。这位美国历史上伟大的作家和诗人，这个在世界文学史上留下了深刻一笔的文学天才，用自己的实力向整个世界证明了自己，即便身处逆境，他也照样活出了灿烂的人生。当初，因为穷困潦倒，他将自己的诗仅卖了10美元，而被人嘲笑为"弱智"，而这首诗花了他整整10年的时间写成；曾经，"穷鬼"一词变成了他的代称，生活的一连串打击一度让他几近崩溃，走投无路。这一切都为他的成功作了铺垫，他所经受的磨炼也把他变得更加优秀。

"逆境出人才"，这句话是很有道理的，我们要辩证地看待问题，不要总是感觉逆境就是坏事。

1.逆境增长人的思想与知识

当人们发现这条路他们走错了，他们就多知道一条错的路是怎么走的，所以其人生的见识以及种种的经验就更丰富了。

2.逆境容易激发人们的潜能

其实，每个人都有着很多潜能没有迸发出来，逆境就是那股激发你潜能的力量，在逆境中，你能看到一个让你不敢相信的自己。一个不畏艰难的人纵使为环境所困，也会越挫越勇，面对困难不后退，直起胸膛，坚定意志，勇敢地迎上去，因此越发容易获得成功。

心理悄悄话

男孩们，鲁迅先生说过："真的猛士，敢于直面惨淡的人生。"只有那些成功摆脱自身、家庭、社会的桎梏，超越原有的局限，将个人的能量尽量地放大开来的人，才是真正的人才。所以说："逆境出人才。"男孩们，不要在逆境中消沉，我们要挣脱困难的魔爪，让自己变得更优秀。

坚定信念，终会超越自我

我们每个人都会或多或少经历一些不如意的事情，不管难过也好，乐观也罢，这就是人生。没有绝对的风平浪静，人生总是充满着无数的曲折。那些缺乏坚定信念的人，很容易在苦难和挫折面前一蹶不振，最后，他们除了忍受人生的平庸，别无选择；可是那些信念坚定的人，总是能够一路披荆斩棘，跨过重重难关，突破人生的各个关卡，最终拥抱成功。

很久以前，两个探险者来到一片漫无边际的戈壁滩上。长时间行走于荒漠，他们已经筋疲力尽，已经不记得自己到底有多久没有喝水了，他们的嘴唇干裂出一道道血口，或许没多久，他们真的会渴死在这没有边际的荒漠里。一个年长一些的探险者从同伴手中拿过空水壶，郑重地说："我去找水，你在这里等着我。"接着，他又从行囊中拿出一支手枪递给同伴，说："这里有六颗子弹，每隔两小时你就放一枪，这样当我找到水后，就不会迷失方向，就可以循着枪声找到你，千万记住了！"

同伴点头答应，安排好之后，他充满信心地离开了……

对于这个年轻人来说，这段等待是无比漫长的，他满心的疑惑与担忧，不知同伴能否发现水，不知同伴能否找到自己。时间在悄悄地流逝，每放一枪，年轻探险者心中的弦就好像断了一根。

年轻人已经等了十小时，子弹就剩下最后一颗了，仍旧看不到任何希望。同伴走了吗？他被沙漠掩埋了吗？是否出了什么事？……他焦急而又绝望地想着。口渴和恐惧伴随着绝望如潮水般充满了他的脑海，他似乎嗅到了死亡的气息，感到死神正面目狰狞地向他紧逼而来……

最后，他失去了生存的信念，他扣动扳机，将最后一颗子弹射出。只不过，这一次他不是射向天空，而是射向他自己的脑袋。不久，同伴回来了，伴着那声枪声的引导，带着满满的两壶水，可是，看到的却是同伴的尸体。

或许事情就是这个样子，很多时候，我们已经接近成功，可是就在这个时候，我们失去了坚持到最后的信念。很多人在这最后的时刻没有坚持住，跌倒在成功的门前，从而让自己的人生变得遗憾重重。年轻的探险者是不幸的，在挫折面前，他丧失了生存的信念，选择了放弃。

男孩们，有坚定的信念才会有成功的希望，半途而废终究会一败涂地。

1.学会坚持

放弃了，你就一无所有，包括你之前的所有付出，学习也是如此。男孩们，很多时候，我们的意志不够坚定，极易被一些难题打败，觉得自己学不好，于是就放弃，这样下来，只会堆积更多的困难，最终一无所获。男孩请记住：有困难就必须去克服，逐步攻克，路才会越走越宽。坚定信念，用自己的努力去拼出最好的明天吧。

2.没有过不去的火焰山

男孩们，一点儿小挫折就把自己打败，这还是男子汉吗？你要坚信，没有过不去的火焰山，只要你肯努力去挑战难关，人生就不会留下太多的遗憾。信念是战胜困难的力量，我们一定要相信自己，做到不抛弃、不放弃。

心理悄悄话

在漫长的人生旅途中，苦难并不可怕，受挫折也无须忧伤，只要心中的信念没有枯萎，你的人生旅途就不会中断。因此，我们要笑对生活，把磨难当成成功的催化剂，不要抱怨生活中有太多的曲折，更不要抱怨生活中存在太多的不公，相信希望就在前方。

参考文献

[1]沧浪.中国男孩心理成长枕边书[M].北京:中国妇女出版社,2011.

[2]蔡万刚.青春期男孩心理成长手册[M].北京:中国纺织出版社,2019.

[3]肖骁.养育男孩心理学[M].北京:朝华出版社,2010.

[4]杨涓子.哈佛男孩心理成长枕边书[M].北京:中央编译出版社,2015.